Ingeborg Bachmann
Frankfurter Vorlesungen

PIPER

Zu diesem Buch

Im Wintersemester 1959 / 60 hielt Ingeborg Bachmann als erste Dozentin einer von der Frankfurter Universität veranstalteten Vortragsreihe zu Fragen der Poetik fünf Vorlesungen. Diese Vorlesungen erscheinen in diesem Band als Einzelveröffentlichung, nachdem sie 1978 in der Gesamtausgabe der Werke Ingeborg Bachmanns erstmals vollständig veröffentlicht wurden. Die essayistischen Arbeiten Ingeborg Bachmanns sind ein integraler Bestandteil ihres dichterischen Schaffens. In den Vorlesungen zu »Problemen zeitgenössischer Dichtung« formuliert Ingeborg Bachmann die Quintessenz ihrer ästhetischen Grundüberzeugungen, ihre Sprachmoral. Die Fragen »Warum schreiben? Wozu?« und »Warum wollen wir Veränderung durch Kunst?« beantwortet sie mit dem Postulat eines »moralischen, erkenntnishaften Rucks«, eines »neuen Geistes«, der die neue Sprache bewohnen müsse. Sie untersucht Gedichte von Eich, Celan, Enzensberger, Kaschnitz und anderen, befasst sich mit der Problematik des »schreibenden Ichs«, dem »Umgang mit Namen« und der Aufgabe der »Literatur als Utopie«. Die Vorlesungen sind Schlüsseltexte für das literarische Selbstverständnis der Autorin sowie der deutschsprachigen Literatur des 20. Jahrhunderts.

Ingeborg Bachmann, am 25. Juni 1926 in Klagenfurt geboren. Lyrikerin, Erzählerin, Essayistin. 1952 erste Lesung bei der Gruppe 47. Preise: Bremer Literaturpreis, Hörspielpreis, Georg-Büchner-Preis, Großer Österreichischer Staatspreis, Anton-Wildgans-Preis. Sie lebte nach Aufenthalten in München und Zürich viele Jahre in Rom, wo sie am 17. Oktober 1973 starb.

Ingeborg Bachmann

Frankfurter Vorlesungen

Probleme zeitgenössischer Dichtung

Piper München Zürich

Mehr über unsere Autoren und Bücher:
www.piper.de

Von Ingeborg Bachmann liegen bei Piper vor:
Anrufung des Großen Bären
Die gestundete Zeit
Der gute Gott von Manhattan
Frankfurter Vorlesungen
Das dreißigste Jahr. Erzählungen
Gedichte, Erzählungen, Hörspiel, Essays
Simultan. Erzählungen
Die Hörspiele
Werke (4 Bände)
Sämtliche Erzählungen
Sämtliche Gedichte
Bilder aus ihrem Leben
Das Buch Franza
Requiem für Fanny Goldmann
Ich weiß keine bessere Welt. Gedichte
Briefe einer Freundschaft (mit Hans Werner Henze)
Kritische Schriften

Textgrundlage: Werke, Band 4, herausgegeben von Christine Koschel,
Inge von Weidenbaum, Clemens Münster,
Piper Verlag, München 1982, 2. Auflage 1984.

Mix
Produktgruppe aus vorbildlich bewirtschafteten
Wäldern und anderen kontrollierten Herkünften
www.fsc.org Zert.-Nr. GFA-COC-001223
© 1996 Forest Stewardship Council

Ungekürzte Taschenbuchausgabe
Juni 2011
© 1982 Piper Verlag GmbH, München
Umschlag: semper smile, München
Umschlagfoto: Piper Verlag
Satz: Kösel, Krugzell
Papier: Munken Print von Arctic Paper Munkedals AB, Schweden
Druck und Bindung: CPI – Clausen & Bosse, Leck
Printed in Germany   ISBN 978-3-492-27203-2

Inhalt

Frankfurter Vorlesungen
Probleme zeitgenössischer Dichtung

I

Fragen und Scheinfragen

Meine Damen und Herren,

Neugier und Interesse, die Sie in diesen Saal geführt haben, glaube ich zu kennen. Sie entspringen dem Verlangen, über die Dinge etwas zu hören, die uns beschäftigen, also Urteile, Meinungen, Verhandlungen über Gegenstände, die uns an sich, in ihrem Vorhandensein, genügen müßten. Also etwas Schwächeres, denn alles, was über Werke gesagt wird, ist schwächer als die Werke. Das gilt, meine ich, auch für die höchsten Erzeugnisse der Kritik und [von] dem, was von Zeit zu Zeit grundsätzlich und grundlegend gesagt werden wollte und immer wieder gesagt werden will. Es wird zur Orientierung gesagt, und wir verlangen es zu hören, der Orientierung wegen. Nicht zuletzt haben die Schriftsteller selber immer das größte Interesse bewiesen für die Zeugnisse anderer Schriftsteller, für Tagebücher, Arbeitsbücher, Briefwechsel und die theoretischen Mitteilungen, neuerdings mehr und mehr für die Enthüllung von »Werkstattgeheimnissen«. Vor dreißig Jahren noch teilte der russische Dichter Majakowskij seinen Lesern mit, sie hätten das Recht, von den Dichtern zu verlangen, daß sie die Geheimnisse ihres Metiers nicht ins Grab mitnähmen. Nun, die Gefahr besteht heute kaum mehr, besonders die Lyriker geizen nicht mit Kundmachungen, volle Einigkeit herrscht aber nicht ...: ein Gedicht wird gemacht, ein Gedicht wird geahnt, gebraut, gebaut, montiert, auch bei uns.

Wie dem auch sei, Sie werden reichlich aufgeklärt, und es werden Ihnen sogar Geheimnisse verraten, die gar keine sind. So vielerlei Neugier da ist – so vielerlei Enttäuschung ist möglich, und all dies mag uns vorläufig zur Entschuldigung dienen für die falschen Hoffnungen, die Sie sich machen und die ich mir mache, indem ich, Mut fassend, meine, daß sich von diesem Lehrstuhl aus zwar nichts lehren, vielleicht aber etwas erwecken läßt – ein Mitdenken von der Verzweiflung und der Hoffnung, mit der einige wenige – oder sind es schon viele? – mit sich selber und der neuen Literatur ins Gericht gehen.

»Fragen zeitgenössischer Dichtung« – dieser Titel wurde gewählt für eine erste Reihe von Vorlesungen, und als ich mit der Arbeit beginnen wollte, bis zuletzt fast unfähig, einen Ansatzpunkt zu finden für diesen Versuch, der mir nicht geheuer ist, überlegte ich noch einmal den Titel. Sollten denn hier Fragen behandelt werden, die schon gestellt sind, welche übrigens, und wo gestellt und von wem? Oder sollen gar Antworten gegeben werden? Kennen Sie denn die Autoritäten, glauben Sie denn an solche, die da Fragen austeilen und Antworten liefern? Und vor allem, um welche Fragen könnte es sich eigentlich handeln? Soll man sich kümmern um die Fragen, wie sie die Tagespresse in ihren Feuilletons hin und wieder aufwirft, oder um diejenigen, die auf Akademien und Kongressen behandelt werden, oder soll man, noch fortschrittlicher gestimmt, sich um die Rundfragen des Rundfunks oder der literarischen Weihnachtsrätselecken bekümmern? Um nur einige zu nennen: »Soll das Material kalt behandelt werden?« »Ist der psychologische Roman tot?« »Ist die Chronologie im Roman noch möglich im Zeitalter der Relativitätstheorie?« »Muß die neue Dichtung so dunkel sein?« »Die Dramaturgie von Fall zu Fall.«

Oder sollen die weniger lärmigen, weniger attraktiven Fragen, wie sie in der Literaturwissenschaft gestellt werden, berücksichtigt werden? Darf man sich, ungelernt, ohne fachliche Kenntnis, trauen, dort Hilfe zu suchen? Da sind die Rettungsringe bereit gemacht – einfühlende Interpretation, Historismus, Formalismus, sozialistischer Realismus. Wer möchte da nicht gerettet sein, zu niemands Schaden! Auch die Psychologie, die Psychoanalyse, Existenzphilosophie, die Soziologie bieten sich an, haben Fragen an die Literatur zu stellen. Überall Fundiertes, Standorte, Gesichtspunkte, Devisen, Merkblätter, geistesgeschichtliche Stichworte, unter denen etwas zu finden ist – und wie es zu finden ist. Nur das Stichwort fehlt für den, der im Augenblick selbst vorzutreten hat und alle die Werke, die Zeiten, hinter sich liegen fühlt, auch die jüngstgeschaffenen, die jüngstvergangenen, und er fürchtet, mangels Gelehrsamkeit, sich auf einige wenige eigene Erfahrungen mit der Sprache und den Gebilden, die mit dem Stempel Literatur versehen worden sind, zurückziehen zu müssen. Und doch ist ja die Erfahrung die einzige Lehrmeisterin. Wie gering sie auch sein mag – vielleicht wird sie nicht schlechter beraten als ein Wissen, das durch so viele Hände geht, gebraucht und mißbraucht oft, das sich oft verbraucht und leer läuft, von keiner Erfahrung erfrischt.

Für den Schriftsteller gibt es nämlich vor allem Fragen, die scheinbar außerhalb der literarischen liegen, scheinbar, weil ihre glatten Übersetzungen in die Sprache für die literarischen Probleme, mit denen man uns bekannt macht, sie uns als sekundär empfinden lassen; manchmal bemerken wir sie nicht einmal. Es sind zerstörerische, furchtbare Fragen in ihrer Einfachheit, und wo sie nicht aufgekommen sind, ist auch nichts aufgekommen in einem Werk.

Wenn wir zurückblicken auf das vergangene halbe Jahrhundert, auf seine Literatur mit den Kapiteln Naturalismus und Symbolismus, Expressionismus, Surrealismus, Imagismus, Futurismus, Dadaismus und einiges, was in kein Kapitel passen will, so kommt es uns vor, als entwickelte sich die Literatur aufs wunderbarste, wenn auch etwas widersprüchlich, ganz wie immer, wie früher – erst Sturm und Drang, dann Klassik, dann Romantik und so fort, es macht keine so großen Schwierigkeiten, sich zu verständigen darüber; nur die Gegenwart läßt einiges zu wünschen übrig, man sieht nicht recht, wie es sich entwickelt, wohin es will, nichts mehr wird klar, nicht einmal die Richtung oder Richtungen lassen sich verläßlich angeben. Es ergeht uns wie mit der Gegenwartsgeschichte; weil wir zu nahe daran sind, überblicken wir nichts, erst wenn die Phrasen einer Zeit verschwinden, finden wir die Sprache für eine Zeit und wird Darstellung möglich. Auch von den heutigen Phrasen werden uns nur die kräftigsten bewußt. Hätten wir das Wort, hätten wir Sprache, wir bräuchten die Waffen nicht.

Was die Literatur anbelangt, brauche ich Ihnen ja nur ins Gedächtnis zu rufen, wovon in den vergangenen Jahren am meisten die Rede war und zur Zeit am meisten die Rede ist. Von der einen Seite hören Sie das Wehklagen über den Verlust der Mitte, und die Etiketten für diese mittelosen Literaturprodukte lauten: alogisch, zu kalkuliert, irrational, zu rational, destruktiv, antihumanistisch – also alles erdenklich negative Kennzeichnungen. Dem gegenüber steht von ihren Fürsprechern ein Vokabular, das in hohem Maß dem andern ähnlich ist, die negativen Kennzeichnungen werden freiwillig übernommen, oder es werden neue erschaffen, also gottlob, heißt es, und ja, begrüßen wir es, das Alogische, Absurde, Groteske, anti-, dis- und de-, Destruktion, Diskontinuität, es gibt das Antistück, den Anti-Roman, vom Anti-Gedicht war noch nicht die Rede, vielleicht kommt es noch. Daneben laufen behäbigere traditionellere Produkte her, von einer traditionelleren Kritik begleitet, die auf Vokabeln hält wie: Gestaltetes, Schöpferisches, Wesentliches. Sie können beliebig ergänzen. Und aus der aufgeregten, hoffnungsträchtigen Zeit direkt nach dem Krieg stoßen uns auch noch manchmal Worte auf wie Kahlschlag, Nullpunkt, Kalligraphie, Existenzielles, Seinslagen, Vorder- und Hintergründiges, und zuerst beigewohnt hat unsere Generation dem Aufflackern des Kampfes zwischen der engagierten Literatur und dem l'art pour l'art, diesmal als direkte Folge der politischen Katastrophe in Deutschland und der damit verbundenen Katastrophen in den heimgesuchten Nachbarländern, genährt von der Ahnung neuer künftiger Katastrophen.

Man hat also die Wahl, bräuchte sich nur mit Begeisterung über das eine, mit Abscheu über das andere zu äußern und sich auf die einem zusagende Seite zu schlagen. Vielleicht fragen Sie sich, von welcher Stelle aus man Sie an dem Schauspiel des Kampfs teilzunehmen zwingen wird, oder ob Sie gar mit einer neutralen, objektiven Betrachtung hingehalten werden sollen – um es allen recht zu machen, um nirgends anzuecken. Denn jeder Schriftsteller befindet sich in einer verwickelten Lage, ob er sich's eingestehen mag oder nicht, er lebt in einem Netz von Gunst und Ungunst, und es ist unmöglich, dafür blind zu sein, daß die Literatur heute eine Börse ist. Aber dieses Wort ist nicht von mir und überhaupt nicht von heute, sondern von Hebbel, Friedrich Hebbel, niedergeschrieben im Jahr 1849. Hierin ändern sich die Zeiten nicht so sehr.

Aber lassen Sie uns die Parteiischkeit wie die Neutralität verwerfen und ein Drittes versuchen: eine hindernisvolle Herausführung aus der babylonischen Sprachverwirrung.

Die erste und schlimmste dieser Fragen, von denen ich Ihnen gesprochen habe und die den Schriftsteller zu bewegen hat, betrifft die Rechtfertigung seiner Existenz. Freilich ist sie dem einzelnen, der da schreibt, versucht und belebt von seiner Begabung, selten gleich bewußt, oft wird sie es erst spät. Warum schreiben? Wozu? Und wozu, seit kein Auftrag mehr da ist von oben und überhaupt kein Auftrag mehr kommt, keiner mehr täuscht. Woraufhin schreiben, für wen sich ausdrücken und was ausdrücken vor den Menschen, in dieser Welt. Er, der selbst erkenntnissüchtiger, deutungssüchtiger und sinnsüchtiger ist als die anderen, kann er mit irgend einer Deutung, einer Sinngebung, auch nur mit einer Beschreibung, und erschiene sie ihm noch so genau, bestehen? Ist seine Bewertung durch Sprache, und er bewertet immer, mit jeder Benennung bewertet er die Dinge und den Menschen, nicht völlig gleichgültig, oder irreführend, oder verwerflich? Und ist der Auftrag, wenn er ihn sich selbst zu geben traut (und er kann ihn sich heute nur selbst geben!), nicht beliebig, befangen, bleibt er nicht, wie sehr er sich auch bemühen mag, der Wahrheit immer etwas schuldig? Ist nicht all sein Tun Hybris, und muß er sich nicht verdächtigen immerzu, jedes seiner Worte, jede seiner Zielsetzungen? Daß diese Frage lange nur von biographischem Interesse für diejenigen geblieben ist, die sich mit der Literatur und ihren Opfern beschäftigt haben, ist befremdend. Denn wenn man über das »Ende der Dichtung« zu reden anfängt, eine solche Möglichkeit schwelgerisch oder gehässig erwägt, als wäre es die Dichtung selbst, die zu Ende gehen wollte, oder als wäre dieses Ende ihr letztes Thema, so kann man nicht außer acht lassen, wo eine der Voraussetzungen dazu immer gelegen hat. In den Dichtern selbst, in ihrem Schmerz über ihre Unzulänglichkeit, in ihren Schuldgefühlen. Tolstoi hat in seinen letzten Jahren die Kunst verdammt, hat sich selbst und alle Genies verhöhnt, sich und die anderen aller Teufeleien bezichtigt, des Hochmuts, der Hinopferung der Wahrheit, der Liebe, und hat seine geistige und sittliche Niederlage in die Welt geschrien. Gogol hat die Fortsetzung der ›Toten Seelen‹ verbrannt. Kleist hat den ›Robert Guiscard‹ verbrannt, hielt sich danach für gescheitert und beging Selbstmord. In einem seiner Briefe ist zu lesen: »Ein großes Bedürfnis ist in mir rege geworden, ohne dessen Befriedigung ich niemals glücklich sein werde; es ist dieses, etwas *Gutes* zu tun.« Und was bedeutet Grillparzers und Mörikes schweigendes Verzichten auf Weiterarbeit. Die äußeren Umstände kommen zur Erklärung kaum in Betracht. Und Brentanos Flucht in den Schoß der Kirche, sein Widerruf, seine Absage an all das Schöne, das er geschrieben hat? Und all diese Widerrufe, die Selbstmorde, das Verstummen, der Wahnsinn, Schweigen über Schweigen aus dem Gefühl der Sündhaftigkeit, der metaphysischen Schuld, oder menschlicher Schuld, Schuld an der Gesellschaft aus Gleichgültigkeit, aus Mangel. Jede Art von Unzulänglichkeit begegnet uns schon vor der Zeit, mit der wir uns zu befassen haben. In unserem Jahrhundert scheinen mir diese Stürze ins Schweigen, die Motive dafür und für die Wiederkehr aus dem Schweigen darum von großer Wichtigkeit für das Verständnis der sprachlichen Leistungen, die ihm vorausgehen oder folgen, weil sich die Lage noch verschärft hat. Der Fragwürdigkeit der dichterischen Existenz steht nun zum ersten Mal eine Unsicherheit der gesamten Verhältnisse gegenüber. Die Realitäten von Raum und

Zeit sind aufgelöst, die Wirklichkeit harrt ständig einer neuen Definition, weil die Wissenschaft sie gänzlich verformelt hat. Das Vertrauensverhältnis zwischen Ich und Sprache und Ding ist schwer erschüttert. Das erste Dokument, in dem Selbstbezweiflung, Sprachverzweiflung und die Verzweiflung über die fremde Übermacht der Dinge, die nicht mehr zu fassen sind, in einem Thema angeschlagen sind, ist der berühmte ›Brief des Lord Chandos‹ von Hugo von Hofmannsthal. Mit diesem Brief erfolgt zugleich die unerwartete Abwendung Hofmannsthals von den reinen zaubrischen Gedichten seiner frühen Jahre – eine Abwendung vom Ästhetizismus.

»Aber, mein verehrter Freund, auch die irdischen Begriffe entziehen sich mir in der gleichen Weise. Wie soll ich es versuchen, Ihnen diese seltsamen geistigen Qualen zu schildern, dies Emporschnellen der Fruchtzweige über meinen ausgestreckten Händen, dies Zurückweichen des murmelnden Wassers vor meinen dürstenden Lippen?

Mein Fall ist, in Kürze, dieser: Es ist mir völlig die Fähigkeit abhanden gekommen, über irgend etwas zusammenhängend zu denken oder zu sprechen.

Zuerst wurde es mir allmählich unmöglich, ein höheres oder allgemeineres Thema zu besprechen und dabei jene Worte in den Mund zu nehmen, deren sich doch alle Menschen ohne Bedenken geläufig zu bedienen pflegen. Ich empfand ein unerklärliches Unbehagen, die Worte ›Geist‹, ›Seele‹ oder ›Körper‹ nur auszusprechen. Ich fand es innerlich unmöglich, über die Angelegenheiten des Hofes, die Vorkommnisse im Parlament, oder was Sie sonst wollen, ein Urteil herauszubringen. Und dies nicht etwa aus Rücksichten irgendwelcher Art, denn Sie kennen meinen bis zur Leichtfertigkeit gehenden Freimut: sondern die abstrakten Worte, deren sich doch die Zunge

naturgemäß bedienen muß, um irgendwelches Urteil an den Tag zu geben, zerfielen mir im Munde wie modrige Pilze.«
Und weiter:
»Allmählich aber breitete sich diese Anfechtung aus wie ein um sich fressender Rost. Es wurden mir auch im familiären und hausbackenen Gespräch alle die Urteile, die leichthin und mit schlafwandelnder Sicherheit abgegeben zu werden pflegen, so bedenklich, daß ich aufhören mußte, an solchen Gesprächen irgend teilzunehmen. Mit einem unerklärlichen Zorn, den ich nur mit Mühe notdürftig verbarg, erfüllte es mich, dergleichen zu hören, wie: diese Sache ist für den oder jenen gut oder schlecht ausgegangen; Sheriff N. ist ein böser, Prediger T. ein guter Mensch; Pächter M. ist zu bedauern, seine Söhne sind Verschwender; ein anderer ist zu beneiden, weil seine Töchter haushälterisch sind; eine Familie kommt in die Höhe, eine andere ist im Hinabsinken. Dies alles erschien mir so unbeweisbar, so lügenhaft, so löcherig wie nur möglich. Mein Geist zwang mich, alle Dinge, die in einem solchen Gespräch vorkamen, in einer unheimlichen Nähe zu sehen: so wie ich einmal in einem Vergrößerungsglas ein Stück von der Haut meines kleinen Fingers gesehen hatte, das einem Blachfeld mit Furchen und Höhlen glich, so ging es mir nun mit den Menschen und ihren Handlungen. Es gelang mir nicht mehr, sie mit dem vereinfachenden Blick der Gewohnheit zu erfassen. Es zerfiel mir alles in Teile, die Teile wieder in Teile, und nichts mehr ließ sich mit einem Begriff umspannen. Die einzelnen Worte schwammen um mich; sie gerannen zu Augen, die mich anstarrten und in die ich wieder hineinstarren muß: Wirbel sind sie, in die hinabzusehen mich schwindelt, die sich unaufhaltsam drehen und durch die hindurch man ins Leere kommt.«[1]

Bei sehr verschiedenen Heimsuchungen zeugen von ähnlichen Erfahrungen der ›Malte Laurids Brigge‹ von Rilke, einige Novellen von Musil und Benns ›Rönne, Aufzeichnungen eines Arztes‹. Und doch darf man dabei nicht an Korrespondenzen in der Literatur denken, sondern muß sich vor Augen halten, daß es sich um einzelne revolutionäre Stöße handelt. Es heißt immer, die Dinge lägen in der Luft. Ich glaube nicht, daß sie einfach in der Luft liegen, daß jeder sie greifen und in Besitz nehmen kann. Denn eine neue Erfahrung wird gemacht und nicht aus der Luft geholt. Aus der Luft oder bei den anderen holen sie sich nur diejenigen, die selber keine Erfahrung gemacht haben. Und ich glaube, daß, wo diese immer neuen, keinem erspart bleibenden Wozu- und Warumfragen und alle die Fragen, die sich daran schließen (und die Schuldfragen, wenn Sie wollen), nicht erhoben werden, daß, wo kein Verdacht und somit keine wirkliche Problematik in dem Produzierenden selbst vorliegt, keine neue Dichtung entsteht. Es mag paradox klingen, weil vorhin vom Verstummen und Schweigen die Rede war als Folge dieser Not des Schriftstellers mit sich und der Wirklichkeit – einer Not, die heute nur andere Formen angenommen hat. Religiöse und metaphysische Konflikte sind abgelöst worden durch soziale, mitmenschliche und politische. Und sie alle münden für den Schriftsteller in den Konflikt mit der Sprache. Denn die wirklich großen Leistungen dieser letzten fünfzig Jahre, die eine neue Literatur sichtbar gemacht haben, sind nicht entstanden, weil Stile durchexperimentiert werden wollten, weil man sich bald so, bald so auszudrücken versuchte, weil man modern sein wollte, sondern immer dort, wo vor jeder Erkenntnis ein neues Denken wie ein Sprengstoff den Anstoß gab – wo, vor jeder formulierbaren Moral, ein moralischer Trieb groß genug war, eine neue sittliche Möglichkeit zu begreifen und zu entwerfen. Insofern glaube ich auch nicht, daß wir heute die Probleme haben, die man uns aufschwätzen will, und wir sind leider alle nur zu sehr verführt, sie mitzuschwätzen. Ich glaube auch nicht, daß uns, nach so und so vielen formalen Entdeckungen und Abenteuern, die in diesem Jahrhundert gemacht worden sind (vor allem zu Anfang dieses Jahrhunderts), nichts mehr übrig bleibt, als Epigonenhaftes zu schreiben, wenn man nicht noch surrealistischer als surrealistisch und noch expressionistischer als expressionistisch schreibt, und daß einem nichts übrig bleibt, als die Entdeckungen von Joyce und Proust, von Kafka und Musil zu nutzen. Joyce und Proust und Kafka und Musil haben nämlich auch keine vorangegangene, vorgefundene Erfahrung benutzt, und was sie benutzt haben und was sich wohl feststellen läßt in Seminararbeiten und Dissertationen, das erscheint jedenfalls als das geringste an ihnen, ist äußerlich oder eingeschmolzen. Bei der blinden Übernahme dieser seinerzeitigen Wirklichkeitsbestimmungen, dieser gestern neu gewesenen Denkformen, kann es nur zu einem Abklatsch und einer schwächeren Wiederholung der großen Werke kommen. Wäre dies die einzige Möglichkeit: weiterzumachen, fortzuführen und ohne Erfahrung zu experimentieren, bis es sich zu lohnen scheint, dann dürften die Anklagen, die heute oft gegen die jüngeren Schriftsteller erhoben werden, zu recht bestehen. Aber es knistert wohl schon im Gebälk. Die Nacht kommt vor dem Tag, und der Brand wird in der Dämmerung gelegt.

Mit einer neuen Sprache wird der Wirklichkeit immer dort begegnet, wo ein moralischer, erkenntnishafter Ruck geschieht, und nicht, wo man versucht, die Sprache an sich neu zu machen, als könnte die Sprache selber die Erkenntnis eintreiben und die Erfahrung kundtun, die man nie gehabt hat. Wo nur mit ihr hantiert wird, damit sie sich neuartig anfühlt, rächt sie sich bald und entlarvt die Absicht. Eine neue Sprache muß eine neue Gangart haben, und diese Gangart hat sie nur, wenn ein neuer Geist sie bewohnt. Wir meinen, wir kennen sie doch alle, die Sprache, wir gehen doch mit ihr um; nur der Schriftsteller nicht, er kann nicht mit ihr umgehen. Sie erschreckt ihn, ist ihm nicht selbstverständlich, sie ist ja auch vor der Literatur da, bewegt und in einem Prozeß, zum Gebrauch bestimmt, von dem er keinen Gebrauch machen kann. Sie ist ja für ihn kein unerschöpflicher Materialvorrat, aus dem er sich nehmen kann, ist nicht das soziale Objekt, das ungeteilte Eigentum aller Menschen. Für das, was er will, mit der Sprache will, hat sie sich noch nicht bewährt; er muß im Rahmen der ihm gezogenen Grenzen ihre Zeichen fixieren und sie unter einem Ritual wieder lebendig machen, ihr eine Gangart geben, die sie nirgendwo sonst erhält außer im sprachlichen Kunstwerk. Da mag sie uns freilich erlauben, auf ihre Schönheit zu achten, Schönheit zu empfinden, aber sie gehorcht einer Veränderung, die weder zuerst noch zuletzt ästhetische Befriedigung will, sondern neue Fassungskraft.

Von einem notwendigen Antrieb, den ich vorläufig nicht anders als einen moralischen vor aller Moral zu identifizieren weiß, ist gesprochen worden, einer Stoßkraft für ein Denken, das zuerst noch nicht um Richtung besorgt ist, einem Denken, das Erkenntnis will und mit der Sprache und durch Sprache hindurch etwas erreichen will. Nennen wir es vorläufig: Realität.

Ist diese Richtung einmal eingeschlagen, und es handelt sich nicht um eine philosophische, um keine literarische Richtung, so wird sie immer eine andere sein. Sie führte Hofmannsthal woanders hin als George, sie war eine andere wieder für Rilke, eine andere für Kafka; Musil war einer ganz anderen bestimmt als Brecht. Dieses Richtungnehmen, dieses Geschleudertwerden in eine Bahn, in der gedeiht und verdirbt, in der von Worten und Dingen nichts Zufälliges mehr Zulaß hat ... Wo dies sich zuträgt, meine ich, haben wir mehr Gewähr für die Authentizität einer dichterischen Erscheinung, als wenn wir ihre Werke absuchen nach glücklichen Merkmalen von Qualität. Die Qualität ist ja unterschiedlich, diskutierbar, auf Strecken sogar absprechbar. Qualität hat auch hin und wieder ein Gedicht von einem Mittelsmann, eine gute Erzählung, ein ansprechender, kluger Roman, das ist zu finden; es ist überhaupt kein Mangel an Könnern, auch heute nicht, und es gibt Zufallstreffer oder Sonderbares, Abwegiges am Rande, das uns persönlich lieb werden kann. Und doch ist nur Richtung, die durchgehende Manifestation einer Problemkonstante, eine unverwechselbare Wortwelt, Gestaltenwelt und Konfliktwelt imstande, uns zu veranlassen, einen Dichter als unausweichlich zu sehen. Weil er Richtung hat, weil er seine Bahn zieht wie den einzigen aller möglichen Wege, verzweifelt unter dem Zwang, die ganze Welt zu der seinen machen zu müssen, und schuldig in der Anmaßung, die Welt zu definieren, ist er wirklich da. Weil er von sich weiß, ich bin unausweichlich, und weil er nicht ausweichen kann selber, enthüllt sich ihm seine Aufgabe. Je mehr er von ihr zu wissen anfängt, je deutlicher sie ihm wird, desto mehr werden seine Werke begleitet von einer geheimen oder ausgesprochenen theoretischen Umsorge. Wir hören des öfteren sagen, daß Rilke zwar ein großer Dichter sei, daß der weltbestimmende und weltanschauliche Gehalt seiner Dichtungen uns jedoch nichts anzugehen brauche, als wäre er abziehbar, ein eher schädliches Beiwerk als Draufgabe. Wichtig sei allein das einzelne gelungene Gedicht oder gar die Zeile. Wir hören sagen, daß Brecht ein großer Dichter, einer unserer größten Dramatiker überhaupt sei, aber man müsse freundlichst vergessen oder heftig bedauern, daß er Kommunist war. Barbarisch gesagt: Hauptsache, daß die schönen Worte da sind, das Poetische, das ist gut, das gefällt uns, besonders die Pflaumenbäume und die kleine weiße Wolke. – Die Überanstrengung Hofmannsthals bei dem Versuch, die verstörte geistige Tradition Europas noch einmal in seinem Werk zu erneuern, während eben diese Tradition einem Vakuum Platz gemacht hatte, erscheint manchem vergebliche Müh', und doch wäre ohne die fiktiven Bezüge weder sein Theater möglich geworden, noch hätte Urteilskraft in seinen Essays zu ordnen vermocht. – Proust hat in der ›Suche nach der verlorenen Zeit‹, im letzten Band, das ganze Werk versichert in einer Theorie beinahe, hat das Entstehen des Werks reflektiert, ihm eine Rechtfertigung beigegeben, und man könnte fragen, wozu? War das notwendig? Ich glaube schon. Und warum, hörte ich einmal jemand fragen, hat Gottfried Benn uns nicht verschont mit seiner Formulierung eines radikalen Ästhetizismus, diesem Entwurf seiner Ausdruckswelt, diesen fanatischen Stichworten: Rausch, Steigerung, monologisches Ich. Aber war es denn für ihn auf eine andere Weise möglich, jene paar Gedichte hervortreten zu lassen, die der Fragende anerkennen wollte? – Sind die essayistischen Partien in Musils ›Mann ohne Eigenschaften‹ denn nicht zugehörig? Ist die Errichtung einer Utopie, die zum Scheitern verurteilt ist, wegdenkbar, oder die Suche nach einer »taghellen Mystik«? Machen nicht alle die Denkversuche das Buch erst zu dem, was es ist?

Ich erwähne das alles nicht, um ein Urteil über die einzelnen Dichter und ihre Irrtümer, ihre Einseitigkeiten zu verunmöglichen. Sondern um zu erinnern, wenn man sich heute desorientiert fragt, wie wohl das Neue, wie wohl das Auftreten eines wirklichen Dichters und einer Dichtung zu erkennen sei. Es wird zu erkennen sein an einer neuen gesamten Definition, an Gesetzgebung, an dem geheimen oder ausgesprochenen Vortrag eines unausweichlichen Denkens.

Zeitlos freilich sind nur die Bilder. Das Denken, der Zeit verhaftet, verfällt auch wieder der Zeit. Aber weil es verfällt, eben deshalb muß unser Denken neu sein, wenn es echt sein und etwas bewirken will.

Es wird uns nicht einfallen, uns an die Ideenwelt der Klassik zu klammern oder an die einer anderen Epoche, da sie nicht mehr für uns maßgeblich sein kann; unsere Wirklichkeit, unsere Streite sind andere geworden. Wie strahlend auch einzelne Gedanken aus früherer Zeit auf uns kommen, wenn wir sie zu Zeugen rufen, so tun wir es zur Unterstützung unserer Gedanken heute. Es soll uns darum auch nicht einfallen, alles für geleistet zu halten, weil vor 50 und 40 Jahren ein paar große Geister aufgetreten sind. Es hilft nichts, ihnen, als wären sie unsere Fixsterne, noch immer das Denken zu überlassen. Es hilft nicht, sich abzustützen auf das Bewunderungswürdige, das geschaffen worden ist in diesen letzten Jahrzehnten. Daraus zu lernen ist nur, daß wir nicht herumkommen werden um den gleichen gefährlichen Auftritt. Es gibt in der Kunst keinen Fortschritt in der Horizontale, sondern nur das immer neue Aufreißen einer Vertikale. Nur die Mittel und Techniken in der Kunst machen den Eindruck, als handelte es sich um Fortschritt. Was aber möglich ist, in der Tat, ist Veränderung. Und die verändernde Wirkung, die von neuen Werken ausgeht, erzieht uns zu neuer Wahrnehmung, neuem Gefühl, neuem Bewußtsein.

Wenn sie eine neue Möglichkeit ergreift, gibt die Kunst uns die Möglichkeit zu erfahren, wo wir stehen oder wo wir stehen sollten, wie es mit uns bestellt ist und wie es mit uns bestellt sein sollte. Denn ihre Entwürfe entstehen nicht im luftleeren Raum. Daß Dichten außerhalb der geschichtlichen Situation stattfindet, wird heute wohl niemand mehr glauben – daß es auch nur einen Dichter gibt, dessen Ausgangsposition nicht von den Zeitgegebenheiten bestimmt wäre. Gelingen kann ihm, im glücklichsten Fall, zweierlei: zu repräsentieren, seine Zeit zu repräsentieren, und etwas zu präsentieren, für das die Zeit noch nicht gekommen ist. Freilich, es gibt, wenn auch nicht den ängstlichen Halt, das geistige Anklammern derer, die nur zu rezipieren vermögen, Zündungen für ihn von fern. Für eine ganze Generation war es Nietzsche, von dem ein Funke übersprang auf André Gide, auf Thomas Mann, Gottfried Benn und viele andere. Für Brecht war es Marx, für Kafka Kierkegaard; Joyce entzündete sich an Vicos Geschichtsphilosophie, und es gab die unzähligen Anstöße durch Freud, und in jüngster Zeit beeinflußte Heidegger.

Wie es neue Zündungen geben könnte? Es ist schwer zu sagen. Die Spezialisten, die Experten mehren sich. Die Denker bleiben aus. Vielleicht wird Wittgenstein noch eine Wirkung tun, vielleicht Ernst Bloch. Reine Vermutungen.

Kunst als Veränderndes …? Überhaupt »Veränderung«, das ist die Frage, die zu den ersten, zweifelvollen, furchtbaren Fragen gehört. Was meinen wir mit Veränderung und warum wollen wir Veränderung durch die Kunst?! Denn etwas wollen wir doch damit! Die Kunst ist schon so viele Male umgezogen, vom Gotteshaus in das Haus der Ideale, vom *house beautiful* auf das *bateau ivre*, und dann in die Gossen, in die nackte Wirklichkeit, wie man sagte, und dann wieder in das Haus Traum und in die Tempel mit hängenden Gärten, und wieder fort in die pseudomystische Stickluft von Blut und Boden, und weiter in das Haus Humanität und in das Haus Politik. Als hätte sie nirgends Ruhe, als wäre kein Obdach ihr für immer zugedacht. Sie empfängt und anerkennt eine Weile die Kommandos und beginnt eines Tages, auf neue zu hören. Dies ist ihr eigentümliches Fortschreiten, ihr Weiterziehen.

Und der verändern wollende Dichter, wieviel steht ihm frei und wieviel nicht? Das ist auch die Frage. Es gibt ein Drama für ihn, das erst in unserer Zeit ganz offenbar geworden ist: Weil er das ganze Unglück des Menschen und der Welt im Auge hat, scheint es, als sanktionierte er dieses Unglück, scheint es, als verfehlte er die gewünschte Wirkung. Weil er den Blick auf das ganze Unglück verstattet, scheint zugelassen, daß auch das Veränderbare nicht verändert wird. Man sieht den Schaum vor seinem Mund, und man applaudiert ihm. Nichts rührt sich, nur dieser fatale Applaus. Und ich vermute, daß durch die vielen spielerischen Schocks, die einem Publikum seit Jahren zugefügt werden, eine Gewöhnung eingetreten ist, eine Abstumpfung oder eine Sucht, wie nach einer Droge, ein wenig schockiert zu werden. Nur der größte Ernst und der Kampf gegen den Mißbrauch ursprünglicher großer Leiderfahrungen könnte uns helfen, es aus seiner phantastischen Lethargie zu wecken. »Das Volk braucht Poesie wie das Brot« – diesen rührenden Satz, einen Wunschsatz wohl, hat Simone Weil einmal niedergeschrieben. Aber die Leute brauchen heute Kino und Illustrierte wie Schlagsahne, und die anspruchsvolleren Leute (und zu denen gehören nämlich auch wir) brauchen ein wenig Schock, ein wenig Ionesco oder Beatnikgeheul, um nicht überhaupt den Appetit auf alles zu verlieren. Poesie wie Brot? Dieses Brot müßte zwischen den Zähnen knirschen und den Hunger wiedererwecken, ehe es ihn stillt. Und diese Poesie wird scharf von Erkenntnis und bitter von Sehnsucht sein müssen, um an den Schlaf der Menschen rühren zu können. Wir schlafen ja, sind Schläfer, aus Furcht, uns und unsere Welt wahrnehmen zu müssen.

Unsere Existenz liegt heute im Schnittpunkt so vieler unverbundener Realitäten, die von den widersprüchlichsten Werten besetzt sind. Sie können in Ihren vier Wänden ein Familienglück patriarchalischen Stils pflegen oder die Libertinage, oder was immer Sie wollen – draußen rotieren Sie in einer funktionellen Nützlichkeitswelt, die ihre eigenen Ideen über Ihre Existenz hat. Sie können abergläubisch sein und auf Holz klopfen, aber die Berichte über den Stand der Forschung und der Rüstung sind auch tröstlich im Hinblick auf die Erhaltung Ihrer Sicherheit und Freiheit. Sie können an die Unsterblichkeit Ihrer Seele glauben und sich Ihren eigenen geistigen Befund ausstellen, aber draußen finden Sie einen anderen vor, dort entscheiden die Tests, die Behörden, das Geschäft, dort werden Sie krank und gesund geschrieben, eingestuft und ausgewertet. Sie können Gespenster sehen oder Werte, es sind jedenfalls eine Menge von beiden da, und Sie können sich allen gleichzeitig anvertrauen, wenn Sie sich nur drauf verstehen, in der Praxis alles säuberlich getrennt zu halten. Hie Innerlichkeit und Sinnbezüge, Gewissen und Traum – da Nützlichkeitsfunktion, Sinnlosigkeit, Phrase und sprachlose Gewalt. Denken Sie nicht aus *einem* Grund, das ist gefährlich – denken Sie aus vielen Gründen.

Wie die Lage ist, sind wir vor lauter Einverständnissen schon so weit, einen Zustand eintreten zu lassen, den Hermann Broch mit einem wütenden Satz gegeißelt hat. Dann gilt es, dann ist es soweit. »Moral ist Moral, Geschäft ist Geschäft und Krieg ist Krieg und Kunst ist Kunst.«

Wenn wir es dulden, dieses »Kunst ist Kunst«, den Hohn hier hinnehmen, stellvertretend für das Ganze – und wenn die Dichter es dulden und befördern durch Unernst und die bewußte Auflösung der stets gefährdeten und darum stets neu zu schaffenden Kommunikation mit der Gesellschaft – und wenn die Gesellschaft sich der Dichtung entzieht, wo ein ernster und unbequemer, verändernwollender Geist in ihr ist, so käme das der Bankrotterklärung gleich.

Bloß um den Kunstgenuß einiger schwieriger Gebilde zu ermöglichen, um Kunstverständnis zu erwecken – dieses Vorbeugungsmittel gegen die Kunst, um sie unschädlich zu machen –, kann dieses Amts nicht sein. Unter solch schlechten Auspizien hätten wir alle aneinander nichts zu verlieren. Weder die Kunst an den Menschen, noch die Menschen etwas an der Kunst. Dann bedürfte es auch keiner Fragen mehr.

Aber stellen wir sie dennoch. Und stellen wir sie in Hinkunft so, daß sie wieder Verbindlichkeit haben.

II

Über Gedichte

Meine Damen und Herren,

ein Anfang ist gemacht, und die Grundsteine zu den ersten Mißverständnissen sind gelegt. Anfangs scheint einem das Anfangen am schwersten – hat man aber erst einmal zu reden begonnen, ein paar Dinge herausgesagt, so stellt sich das Weitergehen als noch schwieriger heraus. Darum wünschte ich, daß wir uns lieber zu einem Streifzug aufmachen als etwas abhandeln, und bei dem Hin- und Herstreifen versuchen, uns nach einem Wort zu bücken, eins wieder aufzuheben, das im Anfang fallen gelassen wurde.

Es gibt nichts Einschüchternderes für jemand, der selbst Gedichte geschrieben hat, als über die zeitgenössische Lyrik Rede und Antwort zu stehen, die Kenntnis ist meist geringer als man annimmt, zudem bleibt uns allen lang verborgen, was an Neuem in anderen Ländern entsteht, meist mit der Verspätung von ein, zwei Generationen erfahren wir es, wir kennen Eliot, Auden und Dylan Thomas vielleicht schon nur, weil er gestorben ist, Trinker-Legende, wir kennen die Apollinaire, Eluard, Aragon, René Char beinah als den jüngsten der Franzosen, von den Italienern noch kaum Ungaretti und Montale, von den Russen Blok und Majakowskij und zuguterletzt Pasternak, infolge eines fragwürdigen politischen Staubwirbels, und dies ist nicht nur so, weil Gedichte seltener übersetzt werden; auch wenn wir einer anderen oder mehrerer Sprachen mächtig sind und uns bemühen, über die Grenzen Ausschau zu halten, so gibt es eine Blicktrübung in der

Gegenwart für Gedichte. Wo sie neue Fassungskraft haben, ist die so inwendig in der jeweiligen Sprache und manifestiert sich nicht auch im Auswendigen, wie in Romanen, in Theaterstücken. Es gibt kaum einen neuen Roman, ein neues Theaterstück in Paris oder New York oder Rom, von dem wir nicht bald Kunde hätten, den wir nicht bald lesen, das wir nicht bald zu sehen gezwungen werden. Aber Gedichte sind obendrein nicht markttüchtig, und ihre Wirkung innerhalb des eigenen Sprachbereichs bleibt selbst dann noch die geringste, wenn, wie heute, so wird behauptet, in einigen Ländern, darunter auch Deutschland, die stärksten Begabungen unter den Lyrikern zu finden sind. Ob die Behauptung richtig ist, sei dahingestellt – es gibt da auch eine Kehrseite, die unfreundlicher ist, denn nirgends schießt der Dilettantismus prächtiger ins Kraut als in der Lyrik, und nirgends läßt sich für die meisten Leser, R.V., schlechter feststellen, ob an diesem oder jenem Autor nun eigentlich »etwas dran« sei oder nicht. Und die unfreundlichste Vermutung mancher Leute geht dahin, daß kein Gedichtband bei uns eine Wirkung hätte, ausgenommen die, daß er wieder zwanzig junge Leute ermutige, auch Gedichte zu schreiben.

Besorgter macht mich die Frage, ob die Beschränkung auf die Nennung deutscher Gedichte für die letzte Zeit nur ein Mangel ist. Ich glaube es nicht, nicht in diesem Fall, denn sie erheben ja zuerst den Anspruch, hier und von [uns] wahrgenommen zu werden, ihre Fremdworte, ihr Fremdkörper, wollen zuerst einmal von der eigenen Sprache angenommen werden.

Bekanntgemacht freilich mit all den neuen Dichtern, die es gibt, werden Sie jetzt nicht – wozu sollte es führen, es gibt genug Aufsätze, in denen sie der Reihe nach angeführt sind

und eingeteilt sind, in die Naturlyriker und die Bewußtseins-
lyriker und weiß Gott was, mit Beispielen, es gibt Antholo-
gien, in jeder Zeitschrift monatlich Abdrucke, und es gibt
Gedichtbände, die in den Bibliotheken zu haben sind, da können Sie sich informieren. Denn ich bin nicht imstande, Ihnen
jeden einzelnen vorzuführen, mit Etikett, und einen Spruch
dazu zu machen.
Streifzüge also ...

Betrachtet die Fingerspitzen

Betrachtet die Fingerspitzen, ob sie sich schon verfärben!

Eines Tages kommt sie wieder, die ausgerottete Pest.
Der Postbote wirft sie als Brief in den rasselnden Kasten,
als eine Zuteilung von Heringen liegt sie dir im Teller,
die Mutter reicht sie dem Kinde als Brust.

Was tun wir, da niemand mehr lebt von denen,
die mit ihr umzugehen wußten?
Wer mit dem Entsetzlichen gut Freund ist,
kann seinen Besuch in Ruhe erwarten.
Wir richten uns immer wieder auf das Glück ein,
aber es sitzt nicht gern auf unsern Sesseln.

Betrachtet die Fingerspitzen! Wenn sie sich schwarz
    färben,
ist es zu spät.[1]

Dieses Gedicht ist von Günter Eich. Ich hoffe, daß niemand,
wenn das möglich wäre, die Hand heben möchte, von der
Frage beunruhigt: Was will uns der Dichter hier sagen? Aber
welcher Beobachtungen sind wir denn fähig, was könnte

denn hervorgehen aus einer Beschäftigung mit diesem Gedicht? Einmal möchte ich annehmen, daß dieser Dichter sich selbst, seinen Entwurf anders angelegt hat, als die Dichter eine und zwei Generationen vor ihm. Man kann sich [ihn] schwerlich vorstellen [als] Prophet[en] oder als Artisten, als Magier, als [– – –], es ist nichts Selbstherrliches, Anmaßendes in der Konzeption seiner selbst, denn eine Konzeption erscheint immer durch das Werk, immer tut sich der Anspruch kund, die Position. Hier ist schon eine Veränderung, auf die man merken kann, hier hat etwas stattgefunden, ein Stellungswechsel des Produzierenden selbst. Und doch liegt trotz des Verzichts auf so viele [– – –] keine Abdankung vor, kein Retirieren, obwohl der Ort, von dem aus gesprochen wird, in eine fatale Einsamkeit verlegt ist, nicht selbstgewählt, nicht hochmütig, sondern zudiktiert von einer Gesellschaft inmitten der Gesellschaft, ein Ort, an dem es nicht geheuer ist, und das Wachbleiben erschwert wird, dem, der wachen muß, kann, will. Ein Wachender spricht, ein schlaflos Ausgesetzter, inmitten von uns wohnend …

Wenn das Fenster geöffnet ist
und das Grauen der Erde hereinweht –

Das Kind mit zwei Köpfen,
– während der eine schläft, schreit der andere –
es schreit über die Welt hin
und erfüllt die Ohren meiner Liebe mit Entsetzen.[2]

Die Realitätsvokabeln sind einfach [in den Gedichten von Günter Eich], es treten auf Fenster, Schuttplätze, Kehricht, Güterzug, Regen, Rost- und Ölflecke, Kaffeeflasche, Bäckerei,

Fabrik, Untergrundbahn, die Welt wird befragt, aber nicht überfragt. Überfragt ist nur dieses Ich, verfolgt, gewarnt und gebeten, Warnungen weiter zu melden.

Meine Damen und Herren, von einem heiligen Gesang, von einer Sendung, einer auserwählten Gemeinschaft von Künstlern, kann nämlich heute überhaupt keine Rede mehr sein. Absichtlich auf ein Extrem verweisend, darf ich Ihnen ein Bekenntnis aus dem Kreis um George zitieren, damals hieß es: »Wir sind des stolzen glaubens, daß wir für diese jahre nicht nur das höchste gesammelt haben, was in einem bestimmten fache menschlichen könnens eine ganze stämmevereinigung hervorzubringen fähig war, sondern wir hoffen auch, den werdenden und kommenden die pfade geebnet zu haben, auf denen sie weiterschreiten können zur entdeckung immer reinerer kunsthimmel.«[3]

Diese »reinen Kunsthimmel« aber haben sich, so bedeutsam ihre Gründungen waren, nicht halten können, und diese Geister, die sich damals verständlicherweise gegen einen platten Naturalismus erhoben und deren Leistungen wir nicht vergessen werden, haben noch den Zusammensturz ihrer Kunsthimmel erlebt. Der Expressionismus brachte schon den ersten Gegenschlag, und unter dem Eindruck des Ersten Weltkriegs erhoben sich vereinzelte menschliche Stimmen, wieder versagend, wieder versiegend. Und neue ästhetische Revolten folgten, [davon] wird auch die Rede sein müssen, weil sie zwar zu noch immer nachwirkenden sprachlichen Entdeckungen und Wirklichkeitsentdeckungen geführt haben, in einer Hinsicht für uns aber aufs schlimmste desavouiert sind.

Ich denke dabei sogar an den Surrealismus mit seiner Schönheitsidee: [Es] wurde gefordert, die Schönheit habe terroristisch, atemraubend und dämonisch-verwirrend zu sein, der

Surrealismus werde uns in den Tod einführen, und im zweiten Manifest schreibt André Breton, der Wortführer der neuen Dichtung, der Surrealismus sei keine künstlerische Schule, er strebe vielmehr [an]: den totalen Ungehorsam, die regelrechte Sabotage, alles müsse geschehen, um die Ideen der Familie, des Vaterlandes, der Religion zu vernichten – so weit, so gut, das war imponierend – aber dann kommt der Nachsatz, er erstrebe vor allem nichts anderes als *die Gewalt*. Und: »Der einfachste surrealistische Akt besteht darin, mit einem Revolver auf die Straße zu gehen und, soviel man kann, auf die Menge draufloszuschießen.«[4] Dies ist dann zwar nicht von den Surrealisten praktiziert worden, o nein, Sie werden ja auch noch wissen, daß alle die Schriftsteller, Maler, verrufen waren, geächtet, am Leben bedroht in der deutschen Diktatur, und doch bleibt ein Rest, unaufgeklärt, ein Verdacht, daß die Opfer, ohne zu ahnen, was sie taten, ihre Sprache sich im Extrem mit der Sprache der Gewalt berühren ließen. Natürlich hatte der Surrealismus Geist, Anti-Bürger[lichkeit], er wollte im Ernst schockieren, er hatte nichts gemein mit der faktischen Mordpraxis, die später von ganz anderer Seite eingeführt wurde.

Viel fragwürdiger waren noch die Schönheitsproklamationen der Futuristen, da hieß es – zwar begreiflich in einem Vorstoß, in einem heftigen Wunsch –, die technische Welt anzunehmen und in ihrer Schönheit und zwar nichts als der Schönheit zu erkennen. Marinetti [war es,] der zuerst mit der jugendlichen Begeisterungsfähig[keit] ausrief »Wir erklären, daß sich die Herrlichkeit der Welt um eine neue Schönheit bereichert hat: die Schönheit der Geschwindigkeit. Ein Rennwagen, dessen Karosserie große Rohre schmücken, die Schlangen mit explosivem Atem gleichen ... ein aufheulendes Auto, das auf Kartätschen zu laufen scheint, ist schöner als die *Nike von Samothrake*.«[5]

Im späteren Futurismusmanifest, beim Ausbruch des äthiopischen Kolonialkriegs, heißt [es] schon:

»Seit siebenundzwanzig Jahren erheben wir Futuristen uns dagegen, daß der Krieg als antiästhetisch bezeichnet wird ... wir stellen fest: ... Der Krieg ist schön, weil er dank der Gasmasken, der schreckenerregenden Megaphone, der Flammenwerfer und der kleinen Tanks, die Herrschaft des Menschen über die unterjochte Maschine begründet ... Der Krieg ist schön, weil er eine blühende Wiese um die feurigen Orchideen der Mitrailleusen bereichert. Der Krieg ist schön, weil er das Gewehrfeuer, die Kanonaden, die Feuerpausen, die Parfums und Verwesungsgerüche zu einer Symphonie vereinigt. Der Krieg ist schön, weil er neue Architekturen, wie die der großen Tanks, der geometrischen Fliegergeschwader, der Rauchspiralen aus brennenden Dörfern und vieles andere schafft ... Dichter und Künstler des Futurismus ... erinnert euch dieser Grundsätze einer Ästhetik des Krieges, damit euer Ringen um eine neue Poesie und eine neue Plastik ... von ihnen erleuchtet werde!«[6]

So kann die Vollendung des l'art pour l'art aussehen. Hier war der Überschlag deutlich genug formuliert.

Halten Sie mich nicht für allzu engstirnig, daß ich darauf beharre, auf Schuldfragen in der Kunst, und daß ich sie derart in den Vordergrund rücke. Gehen wir ruhig noch einen Schritt weiter. Ich halte es für durchaus nicht zufällig, daß Gottfried Benn und Ezra Pound, den einige unserer jungen Dichter nun ausgerechnet für sich entdecken müssen, einen Amerikaner, der die verwirrtesten Ideen über Revitalisierung und Renaissance-Renaissance hatte, daß es für jene beiden

Dichter, und sie sind Dichter, daran ist kein Zweifel, nur ein Schritt war aus dem reinen Kunsthimmel zur Anbiederung mit der Barbarei.

Aber es gibt ein Wort, von dem Karl Kraus nie losgekommen ist und das zu unterstreichen man nicht müde werden möchte: »Alle Vorzüge einer Sprache wurzeln in der Moral.« Und damit ist nichts Landläufiges gemeint, nichts Liquidierbares, wie die bürgerliche oder die christliche Moral, nicht ein Kodex, sondern jenes Vorfeld, in dem von jedem neuen Schriftsteller die Maßstäbe von Wahrheit und Lüge immer neu errichtet werden müssen. Vorhin fiel ein Wort: »Der Krieg ist schön, weil er dank der Gasmasken, der Flammenwerfer ...« und so weiter ...

Und hier ist ein Gedicht von heute, in dem auch eine Gasmaske vorkommt, es steht in einer Sammlung von Liebesgedichten aus den letzten Jahren, und sehen Sie, in welch andre Beleuchtung die Gegenstände gerückt sind, die [die] Zerschlagung einer ganzen delirierenden Ästhetik signalisiert: ›Bräutigam Froschkönig‹ von Marie Luise Kaschnitz:

Wie häßlich ist
Dein Bräutigam
Jungfrau Leben

Eine Rüsselmaske sein Antlitz
Eine Patronentasche sein Gürtel
Ein Flammenwerfer
Seine Hand

Dein Bräutigam Froschkönig
Fährt mit Dir

(Ein Rad fliegt hierhin, eins dorthin)
Über die Häuser der Toten

Zwischen zwei
Weltuntergängen
Preßt er sich
In Deinen Schoß

Im Dunkeln nur
Ertastest Du
Sein feuchtes Haar

Im Morgengrauen
Nur im
Morgengrauen
Nur im

Erblickst Du seine
Traurigen
Schönen
Augen.[7]

Schön werden hier nur mehr die Augen genannt, die traurigen. »Traurig« steht vor dem Wort »schön«. Und im Anfang wird von diesem Mann mit dem Flammenwerfer, dem Patronengurt, dem Mann mit dem Herrschaftsanspruch gesagt: »Wie häßlich ist dein Bräutigam ...«

Das sind neue Bestimmungen, die getroffen werden, neue Definitionen, auch im Gedicht.

Zur gleichen Zeit schreibt in Schweden die älteste der lebenden deutschen Dichterinnen ein Wort, das für die Jungen gilt und ebenso bezeichnet, was sie tun und was sie zu tun haben: Nelly Sachs. Es ist da von einem jungen Mann die Rede, ohne Kompaß, im Streit mit allen Himmelslichtern:

> Von den Schaukelstühlen
> heimisch gewordener Geschlechter
> stößt er sich ab

> außer sich geraten
> mit dem Feuerhelm
> verwundet er die Nacht.[8]

(»An euch, die das neue Haus bauen«, uns erinnernd, auf welchem Grund wir bauen, auf wieviel Gräbern, Schandorten, und zugleich die Aufforderung, nicht zu seufzen, nicht die Minuten fortzuweinen, aber unsere Wände und Geräte werden wie die Windharfen empfänglich sein.)

Aber hier ist Prophetisches und Psalmodierendes nicht zu verwechseln mit Kunst-Prophetie, es ist keine Geste, sondern eine Bewegung aus Leiderfahrung. Und wäre sie anders annehmbar? Sind wir nicht sehr empfindlich und sehr nüchtern geworden und bis zum Exzeß abweisend gegen Sprachrausch einerseits und konservatives Wortbiedermeier andererseits, dies affektiert Kranke und dies affektiert Gesunde, sind wir nicht im Begriff, uns von keinem mehr faszinieren zu lassen. Verlangen wir nicht vielleicht nichts mehr, als ein neues Rechtsverhältnis zwischen der Sprache und dem Menschen herzustellen.

Und werden wir nicht von diesem Recht Gebrauch machen oder von keinem, und quer durch die Irrtümer und eingebrachten Wahrheiten einen Weg nehmen wollen, oder keinen.

Die Literatur hinter uns, was ist denn das: von Herzwänden geschnittene Worte und tragisches Schweigen, und Brachfelder von zerredeten Worten und Tümpel von stinkendem, feigem Schweigen, immer ist alles beteiligt gewesen, Sprache und Schweigen, und von zweierlei Art. Und immer winkt und verlockt beides, unser Anteil am Irrtum, der ist ja gesichert, aber unser Anteil an einer neuen Wahrheit, wo beginnt der?

Wie beginnt, weil wir von neuen Gedichten reden wollen, ein Gedicht daran Anteil zu haben.

[Hans Magnus] Enzensberger:

VERTEIDIGUNG DER WÖLFE GEGEN DIE LÄMMER

soll der geier vergißmeinnicht fressen?
was verlangt ihr vom schakal,
daß er sich häute, vom wolf? soll
er sich selber ziehen die zähne?
was gefällt euch nicht
an politruks und an päpsten
was guckt ihr blöd aus der wäsche
auf den verlogenen bildschirm?

wer näht denn dem general
den blutstreif an seine hose? wer
zerlegt vor dem wucherer den kapaun?
wer hängt sich stolz das blechkreuz
vor den knurrenden nabel? wer
nimmt das trinkgeld, den silberling,
den schweigepfennig? es gibt
viel bestohlene, wenig diebe; wer

applaudiert ihnen denn, wer
steckt die abzeichen an, wer
lechzt nach der lüge?

seht in den spiegel: feig,
scheuend die mühsal der wahrheit,
dem lernen abgeneigt, das denken
überantwortend den wölfen,
der nasenring euer teuerster schmuck,
keine täuschung zu dumm, kein trost
zu billig, jede erpressung
ist für euch noch zu milde.

ihr lämmer, schwestern sind,
mit euch verglichen, die krähen:
ihr blendet einer den andern.
brüderlichkeit herrscht
unter den wölfen:
sie gehn in rudeln.

gelobt sein die räuber: ihr,
einladend zur vergewaltigung,
werft euch aufs faule bett
des gehorsams. winselnd noch
lügt ihr. zerrissen
wollt ihr werden. ihr
ändert die welt nicht.[9]

»Ihr ändert die Welt nicht.« Ja. Und das Gedicht selbst? Was
bewirkt es? Ist es nicht vielleicht so, daß, weil uns so ein Gedicht unglücklich macht, weil ihm dies gelingt, und weil es

neue Dichter gibt, die uns unglücklich machen können, [es] auch in uns einen Ruck gibt, einen erkenntnishaften, unter dem wir den statthabenden nachvollziehen. Es gibt einen so wundervollen Brief von Kafka, über seine Forderung an ein Buch:

»Wenn das Buch, das wir lesen, uns nicht mit einem Faustschlag auf den Schädel weckt, wozu lesen wir dann das Buch? Damit es uns glücklich macht ...? Mein Gott, glücklich wären wir eben auch, wenn wir keine Bücher hätten, und solche Bücher, die uns glücklich machen, könnten wir zur Not selber schreiben ... Ein Buch muß die Axt sein für das gefrorene Meer in uns. Das glaube ich.«[10]

Vielleicht vermissen Sie schon eine Weile, daß ich nichts zu den neuen Formen sage, kaum von der neuen Sprache spreche in den neuen Gedichten. Im Zusammenhang mit diesem Gedicht möchte ich es doch versuchen, auf einem Umweg. Vor einiger Zeit sind zwei Bücher erschienen, nicht eigentlich von einem Literaturhistoriker, sondern einem Außenseiter, ich meine die beiden Studien ›Die Welt als Labyrinth‹ und ›Manierismus in der Literatur‹, von Gustav René Hocke. Darin figurieren auch die Autoren, die ich heute nenne, neben vielen anderen, mit Beispielen, und die Beweisführung ist ungefähr folgende: die provokanten formalen und thematischen Phänomene, die wir in der Literatur, aber auch in den anderen Künsten, seit etwa 1850 beobachten, sind nicht neu, nicht zum ersten Mal aufgetreten, sondern [es gibt] eine verborgene Tradition auch für die Moderne, die sprachlichen Verwegenheiten und die »Denklaster«, wie sie genannt werden, waren graeco-orientalischen Ursprungs. Die zweite Revolution fand Mitte des 16. Jahrhunderts statt und klang Mitte des 17. Jahrhunderts aus. Die letzte wird, für die Literatur, mit dem Auftreten Baudelaires datiert. Diese drei Epochen werden unter den Oberbegriff »Manierismus« gebracht, um die antiklassische Konstante in der europäischen Geistesgeschichte zu bezeichnen. Die Dichter in diesen Zeiten wollen »modern« sein. Sie werden so charakterisiert: sie scheuen die Unmittelbarkeit, lieben die Dunkelheit, lassen sinnliche Bildhaftigkeit nur in verkleidenden abstrusen Metaphern gelten, ein intellektuelles Zeichensystem wird für das Einfangen von Realem oder Überrealem verwendet, ihre Werke sind enigmatisch, hieroglyphisch und entziehen sich daher einer ästhetischen Kontrolle mit klassizistischen Maßstäben. Ich will nicht mehr als diesen Schattenriß machen und kann Ihnen nur empfehlen, die beiden Studien zu lesen, auch auf die Gefahr hin, daß Sie eine Weile in allem und jedem »Manierismus« wittern und über dem Staunen das Urteilen vergessen. Dieses sehr anregende Buch mit seinen wichtigen Funden hat aber höchst merkwürdige Reaktionen ausgelöst. Denn da geht es freilich nicht ohne einige Wermutstropfen ab für die neuen Sprachübungsplätze, für die Metaphernlabore und die Wortkernspaltung. Weil einem da immer schon jemand zuvorgekommen ist, sei [es] um das Jahr 1600 oder im Jahr 1910. Ein Mann namens Athanasius Kirchner, erfährt man, hat vor ein paar hundert Jahren eine Metaphernmaschine konstruiert, damit aus dem Nichts das vollkommene Bild entstünde. Abstrakte Schreibungen gibt es mindestens zum drittenmal, der Lettrismus, den Isidor Isou vor ein paar Jahren in Paris als letzte Konsequenz inaugurierte, um das Alphabet aufzuschlitzen und um mit einigen neuen, hinzugefügten Buchstaben, um mit Lautrhythmen das Sein zu beschwören, hat im 3. Jahrhundert einen Vorläufer, und dazu Hugo Ball, der im ersten Zürcher Dada-Jahr lettristische Gedichte schrieb, allerdings in anderer, nämlich polemischer Absicht. Das scheint also ein wenig traurig zu sein für viele, die meinen, daß die Revolutionen, Neulandgewinnung in der Literatur, in erster Linie im formalen Experiment zu suchen seien und manchmal übersehen, daß dies nur in der Folge eines neuen Denkens geschehen kann.

Die »Manierismus«-Entdeckung war aber andrerseits Honig für viele Kritiker, weil man nun endlich für die Beurteilung neuer Literatur ein paar Kriterien in die Hand bekam, [für] den Wortsalat so gut wie die wahre Wortmächtigkeit. Gottlob, es ist alles schon dagewesen, es ist alles nicht neu, man braucht nicht mehr zu erschrecken, wenn man auf Metaphern stößt wie »schwarze Milch«, es gibt ja bei Marino den »roten Schnee« (16. Jahrhundert), alles ist immer schon dagewesen, endlich versteht man es, und alles verstehen heißt alles verzeihen. Oder es heißt, wenn man zu einem anderen, geharnischten Typus gehört: das hat es schon gegeben, ist daher nicht mehr interessant, hat es schon besser gegeben, ist Abklatsch, Kopie, das konnten die Surrealisten auch und besser, die Poètes maudits auch und besser, die Alten natürlich und noch besser, denken Sie an Marino, an Góngora, denken Sie an, denken Sie an.

Aber an wen zu denken sollen wir uns nun entschließen, wenn wir dieses Gedicht [›verteidigung der wölfe gegen die lämmer‹] uns noch einmal erinnern. Ist der Autor ein Manierist? Es gibt [bei ihm] Gedichte, da kommen Ausdrücke vor wie »manitypistin«, »stenoküre«, also ja (aber in welcher Absicht, das ist eben die Frage!). Und wenn wir uns eine Anthologie jüngerer Autoren vornehmen würden, kämen wir leicht dahinter, wenn wir uns nur im Formalen umtun, auf die Metaphern starren, auf Ähnlichkeiten, auf eine Teilhabe an einem anonymen Wortvorrat, auf Eingeweihtheit in bestimmte modische Mixrezepte, ja wir kämen leicht dahinter, was hinter allem steckt. Und zugleich bliebe das Wichtigste verborgen, nämlich wo wir es nur mit Basteleien und mit Affektiertheiten, mit Fingerübungen oder nur vorläufig mißglückten Ansätzen zu tun haben, und es bliebe verborgen, wo einer wirklich auf Raub ausgeht und von der Sprache geraubt wird und von der Wahrheit geraubt wird, wo das Unnachahmliche das Nachahmbare verschlingt. Denn es haben ja alle teil, ich glaube, fast alle, an dem Modischen, und wir fühlen das auch sehr gut, wenn wir ältere und längst in ihrem Rang bestätigte Werke uns vornehmen, daß da Zeitvokabeln, Zeitfiguren, nur in einem festen, stärkeren Kontext sich halten.

Aber warum, und da sind Sie vielleicht noch unsicher, bin ich auf diese Gedichte verfallen, und was soll demonstriert werden. Vielleicht die gute »Gesinnung« dieser Autoren. Diese Vermutung läge ja nahe. Aber was heißt »Gesinnung«, und wer erhebt nicht alles Anspruch darauf, eine zu haben. Freiheitlich und friedlich gesinnt, und wohlgesinnt ist dann auch nicht mehr weit, aber wohl wem? Und wenn die Radikalität eines jeden Ästhetizismus uns eine Gewißheit hinterlassen hat, die verbindlich ist, dann die, daß man mit guter Gesinnung noch lange kein gutes Gedicht macht. Ich weiß nicht, ob es wirklich so nötig war, wie einige, darunter Benn, meinten, man müsse das den Deutschen immer wieder sagen, weil sie es noch immer nicht begriffen hätten und für das »Andichten« und die »Stimmungsbilder« so empfänglich seien. Sagen wir es also noch einmal, obgleich man, wenn man an die jungen Leute denkt, die in den letzten zehn, fünfzehn Jahren Gedichte veröffentlicht haben, das Gefühl bekommt, daß diesem Volksbegehren kaum mehr jemand nachgekommen ist. Lästiger ist schon das Begehren einiger die Kunst ‹– – –› Kritiker mit ihren Diagnosen und Prognosen, da ist alles immerzu in der Krise, und es wird aufgefordert, die Krisen zu überwinden, und neuerdings ist es eben der Manierismus, der überwunden werden soll, und dazu die Romankrise, die Theaterkrise, alles soll überwunden oder etwas integriert werden. Nur wenn man sich diese Sätze einmal überlegt, beginnt man störrisch zu werden, wer soll denn da von wem überwunden werden? Sie können einen Gegner überwinden oder einen Schmerz oder eine Schwäche, aber eine Krise, die die des Romans ist oder die der Kultur oder eines der abgezogenen Begriffsmonstren – die kann niemand überwinden. Die Konstatierungen sind gut, sind verdienstlich oft, die getroffen werden, aber die Fragen, die sich daran heften, sind schlecht gestellt, praktisch ohne Gewicht und drängen nur jene aus dem kleinen Kreis wirklicher Fragen, die sich überhaupt stellen lassen. Den Stachel dieser Fragen, von denen ich Ihnen das letztemal einen Begriff geben wollte, bekommt freilich nur der einzelne zu fühlen, jener auch, den ein paar Worte mehr bewegt haben von fernher als ein ganzes Sortiment von Problemen, und eines dieser Worte, die auch nicht verwunden zu werden verlangen, ist zum Beispiel jenes von Bertolt Brecht: »Was sind das für Zeiten, in denen ein Gespräch über Bäume fast ein Verbrechen ist, da es ein Schweigen über so viele Untaten einschließt.« Die Nachgeborenen haben darum wohl auch eine gewisse Scheu, ihre Sorgen um Form, um Ausdruck, Fassungsvermögen, die wie eh und je quälend sind, zur Schau zu stellen.

An einigen Stellen von Günter Eich wird von Unbehagen über Schönheit, Unbehagen über Glück gesprochen, diese ganze Spannung Grauen-Schönheit, die einander ja bedingt, der

Kult des Schönen und Kult des Grauens, ist einer anderen gewichen. Die Gedichte, so verschiedenartig, sind nicht genießbar, aber erkenntnishaltig, als müßten sie in einer Zeit äußerster Sprachnot aus äußerster Kontaktlosigkeit etwas leisten, um die Not abzutragen. Aus dieser Leistung beziehen sie eine neue Würde, eine Würde, die sie nicht einmal anzustreben wagen.

Außer sich geraten, mit dem Feuerhelm, verwunden sie die Nacht.

Dies gilt, in hohem Maß, auch für den Dichter, von dem ich zuletzt sprechen will. Von Paul Celan. Mit einer Grabschrift, der ›Todesfuge‹, ist er zuerst unter uns getreten, und mit sehr leuchtenden dunklen Worten, die eine Reise bis ans Ende der Nacht machten. Und dieses Ich, in diesen Dichtungen, verzichtet auch auf einen gewaltsamen Entwurf, auf die erpreßte Autorität und gewinnt eine Autorität, indem es für sich nichts erbittet als: »Mache mich bitter, zähle mich zu den Mandeln, zähl mich dazu … was bitter war und dich wachhielt …«[11]

Aber ich habe hierher seinen letzten Gedichtband mitgenommen, ›Sprachgitter‹, weil er ein noch unvertrautes, neues Gelände begeht. Die Metaphern sind völlig verschwunden, die Worte haben jede Verkleidung, Verhüllung abgelegt, kein Wort fliegt mehr einem anderen zu, berauscht ein anderes. Nach einer schmerzlichen Wendung, einer äußerst harten Überprüfung der Bezüge von Wort und Welt, kommt es zu neuen Definitionen. Die Gedichte heißen ›Matière de Bretagne‹ oder ›Bahndämme, Wegränder, Ödplätze, Schutt‹ oder ›Entwurf einer Landschaft‹ oder ›Schuttkahn‹. Sie sind unbequem, abtastend, verläßlich, so verläßlich im Benennen, daß es heißen muß, bis hierher und nicht weiter.

Gedicht:[12]

Aber plötzlich, wegen der strengen Einschränkung, ist es wieder möglich, etwas zu sagen, sehr direkt, unverschlüsselt. Es ist dem möglich, der von sich sagt, daß er wirklichkeitswund und wirklichkeitsuchend mit seinem Dasein zur Sprache geht. Am Ende des großen Gedichtes ›Engführung‹ tritt so ein Satz hervor, und mit ihm möchte ich schließen – und noch vorausschicken, damit Sie das Wort »Stern« auch recht verstehen, daß die Sterne für Paul Celan »Menschenwerk« sind, daß Menschenwerk gemeint ist.

.... Ein
Stern
hat wohl noch Licht.
Nichts,
nichts ist verloren.[13]

III

Das schreibende Ich

Meine Damen und Herren,

vom Ich möchte ich sprechen, von seinem Aufenthalt in der Dichtung, also von den Angelegenheiten des Menschen in der Dichtung, sofern er vorgeht mit einem Ich oder seinem Ich oder sich hinter dem Ich verbirgt. Und einige werden wohl meinen: wie könnte man sich hinter dem Ich verbergen, das ist doch am wenigsten verborgen und so eindeutig – Ich – das brächten wir ja selber auch noch fertig, von uns geradeheraus zu reden, ohne Verstellung.

»Ich sage Ihnen« – wenn ich das zu einem einzelnen sage, so scheint es doch ziemlich klar zu sein, welches Ich sich da rührt und was mit dem Satz gemeint ist, in dem das Ich auftritt, wer da also etwas sagt. Aber schon wenn Sie hier allein heroben stehen und sagen zu vielen unten »Ich sage Ihnen«, so verändert sich das Ich unversehens, es entgleitet dem Sprecher, es wird formal und rhetorisch. Der es ausspricht, ist gar nicht mehr so sicher, ob er für dieses in den Mund genommene »Ich« Verbindlichkeit beanspruchen kann, ob er es decken kann. Denn wie soll er den Beweis antreten für »Ich«, wenn sein Mund sich nur mehr bewegt, die Laute hervorbringt, aber seine banalste Identität ihm von niemand mehr garantiert wird; man hört unten nur ein abgelesenes Ich und empfängt es schon so genau nicht mehr. Wenn Sie also, ein paar Hundert Menschen, obwohl einzelne sonst, aber jetzt eben eine Masse, ein »Ich« auffangen, das himmelfern ist – und für himmelfern genügen schon zehn Meter, und für himmelfern genügt noch mehr das physische Verschwinden des Sprechenden oder seine Unsichtbarkeit, wenn er sich zum Beispiel über den Rundfunk, über ein Mikrophon, verlautbart. Dann ist da nur mehr ein Satz, der Ihnen zugetragen wird, über einen Lautsprecher oder ein Blatt Papier, ein Buch oder eine Bühne, ein Satz von einem Ich ohne Gewähr.

Ich ohne Gewähr! Denn was ist denn das Ich, was könnte es sein? – ein Gestirn, dessen Standort und dessen Bahnen nie ganz ausgemacht worden sind und dessen Kern in seiner Zusammensetzung nicht erkannt worden ist. Das könnte sein: Myriaden von Partikeln, die »Ich« ausmachen, und zugleich scheint es, als wäre Ich ein Nichts, die Hypostasierung einer reinen Form, irgendetwas wie eine geträumte Substanz, etwas, das eine geträumte Identität bezeichnet, eine Chiffre für etwas, das zu dechiffrieren mehr Mühe macht als die geheimste Order. Aber es gibt ja die Forscher und die Dichter, die nicht locker lassen, die es aufsuchen, untersuchen, ergründen und begründen wollen, und die es immer wieder um den Verstand bringt. Sie haben das Ich zu ihrem Versuchsfeld gemacht oder sich selber zum Versuchsfeld für das Ich, und gedacht haben sie an alle diese Ich der Lebendigen und der Toten und der Geistfiguren, an das Ich der Leute von nebenan und an das Ich des Caesar und das Ich des Hamlet, und all dies ist noch gar nichts, weil noch nicht allgemein. Darum ist noch zu denken an das Ich der Psychologen, der Analytiker, an das Ich der Philosophen, als Monade oder im Bezug, als empirische Kontrollstation oder als metaphysische Größe. Alle diese Experten sichern sich ihr Ich, sie leuchten in ihm herum, betasten es, verstümmeln und zerschlagen es, bewerten es, teilen es ein, zirkeln es ab.

Einmal habe ich ein kleines Kind gesehen, das von seiner

Mutter gedrängt wurde, zuzugeben, daß es etwas getan habe; es war verstockt im Anfang und wußte vielleicht gar nicht, was man von ihm wollte. »Sag, daß du es getan hast«, forderte die Frau immer wieder. »Sag: ich habe es getan!« Und plötzlich, als wäre ihm ein Licht aufgegangen oder als wäre es müde zu schweigen und sich zu wehren, sagte das Kind: »Ich habe es getan«, und dann gleich wieder und ganz vergnügt über den Satz oder vielmehr [das] entscheidende Wort: »Ich habe es getan, ich ich ich!« Es wollte gar nicht mehr aufhören und schrie und kreischte immerzu, bis es sich vor Lachen in den Armen der Frau wand wie ein Epileptiker. »Ich, ich, habe es getan, ich!« Diese Szene war seltsam, weil da ein Ich entdeckt und zugleich bloßgestellt wurde, seine Bedeutung und Nichtbedeutung, und ein irres Vergnügen über die Entdeckung des Ich überhaupt, zum Verrücktwerden, wie man später nie wieder verrückt darüber wird, wenn man gezwungen ist, Ich zu sagen, wenn das Wort längst eine Selbstverständlichkeit ist, abgenutzt dazu, ein Gebrauchswort, das alles, was es bezeichnen soll von Fall zu Fall, degradiert.

Wenn wir aber eines Tages wieder in einer ungewöhnlichen Situation Ich sagen, kommt uns, mehr als in dem frühen Zustand, an: Beklommenheit, Staunen, Grauen, Zweifel, Unsicherheit.

Ich weiß nicht, ob es eine Untersuchung des Ich und der vielen Ich in der Literatur gibt, bekannt ist mir keine, und obwohl ich mich nicht imstande fühle, eine regelrechte oder gar erschöpfende Untersuchung anzustellen, meine ich, daß es da viele Ich gibt und über Ich keine Einigung – als sollte es keine Einigung geben über den Menschen, sondern nur immer neue Entwürfe. Es tritt früh zutage und wird immer toller, faszinierender in der Literatur der letzten Jahrzehnte.

Als wäre eine Fastnacht für das Ich veranstaltet, in der es bekennen und täuschen, sich verwandeln und preisgeben kann, dieses Ich, dieses Niemand und Jemand, in seinen Narrenkleidern.

Unproblematisch ist für uns das Ich, wenn eine historische Person, ein Politiker etwa, ein Staatsmann oder ein Militär mit ihrem Ich in Memoiren antreten. Wenn Churchill oder de Gaulle Bericht erstatten oder uns ihre Urteile übermitteln, dann verlangen wir von ihnen dieses »Ich«, und wir verlangen von diesem Ich, daß es mit dem Autor identisch sei; es interessiert uns dieses Ich auch nur in bezug auf diesen Winston Churchill, amtierend von – bis, das handelnde Ich in der Spiegelung, seine Handlungen in der Spiegelung, die als bekannt vorausgesetzt werden dürfen, und meinetwegen Werdegänge und Privates am Rande, aber eben auch nur, weil die historische Rolle Churchills die naive Kundgabe seines Ich erzwingt. Und »naiv« bezieht sich nicht auf die schriftstellerische Fähigkeit dieses oder eines ähnlichen Autors, sondern auf die Handhabung des Ich, die naive, die ihm vorgeschrieben ist. Die Rolle des Churchillschen Ich in seinen Büchern ist Churchill, der Staatsmann.

Die Ich-Rolle, wie ich sie hier zu beschreiben versuchte, gilt für die gesamte Literatur dieser Art, von der Antike bis zur Gegenwart, und sie gilt von den literaturwürdigen, höchsten Rängen bis zu den niedrigsten und schmutzigsten. Der kritische und anspruchsvolle Leser akzeptiert dieses selbstsichere, ungebrochene Ich mit der gleichen Selbstverständlichkeit in den berühmten Memoirenwerken, mit der eine verblödete, desorientierte Leserschaft heute zu Hunderten den Abhub der Memoirenliteratur verschlingt und sich von dem Ich von SS-Generälen, Gangstern und Spionen imponieren läßt. Denn das Ich der Handelnden, im einfachsten Rollenfach (dem der Geschichte und Zeitgeschichte), ist das überzeugendste, zugänglichste, es braucht sich nicht weiter auszuweisen, es wird ihm Glauben und Gehör geschenkt, weil die Taten oder Untaten des Autors für die Gesellschaft folgenreich waren.

Dieses einfachste Rollenfach kann von der Mehrzahl der Schriftsteller jedoch nicht besetzt werden, und von ihnen möchte ich ja vor allem sprechen, von ihren Ich, die uns nur, wenn wir sehr jung sind, wie fraglose, identische Ich erscheinen. Wer ist nicht, sechzehnjährig, in einem Buch, in einem Gedicht, einem Ich begegnet, vermeintlich dem Autor selbst, und beinahe war man es selbst, denn Ich war Du und dieses Du Ich, so verwischt waren in der ersten Gläubigkeit und Verzauberung alle Grenzen: es kam nicht einmal zu einem Rollentausch, weil man keine Rolle sah. Hier stand doch einfach »Ich«, und das schien so einfach. Dieses Ich, nehmen wir an, hungerte, litt, dachte, fühlte, und man selbst tat dies alles auch, es war stark oder schwach, großartig oder erbärmlich oder alles durcheinander, und alles das in einem gelang einem auch, ein paar Stunden oder einen Monat lang, und dann kamen andere Bücher und andere Gedichte, also andere Ich, und die taten es auch, besetzten immer wieder unser eigenes Ich. Aber die Invasionen haben nicht verhindert, daß wir ganz andere Ich wurden und den fremden Ich der Bücher bald entgegentraten, sie schärfer ansahen, uns distanzierten. Und nach der Auflösung dieser Ich-Union kam es zu einer neuen Erfahrung, wir bemerkten die Interferenzen zwischen Autor und Ich, und schließlich wußten wir von allen möglichen Ich in der Dichtung, dem fingierten, verkappten, dem reduzierten, dem absoluten lyrischen, dem Ich als Denkfigur, Handlungsfigur, einem Ich, stofflos oder in den Stoff gefahren.

Trotzdem möchte ich beginnen mit dem einfachsten und darum zugleich frappierendsten Ich und, obwohl es nach dem vorhin Gesagten kaum möglich scheint, daß ein Autor (sofern er keine historische Erscheinung ist) uns sein Ich vorführt, ausgestattet mit seinem eigenen Namen und allen seinen Daten. Als wäre er glaubwürdig, als wäre seine Existenz ohne Erfindung für uns von Interesse, als könnte man die eigene Person, das eigene Leben, ohne Übersetzung in ein Buch tragen. So ein Ich – d. h. so einen rabiaten, halsbrecherischen Versuch, sich die Ich-Konzeption zu ersparen – können wir bestaunen in den Büchern von Henry Miller. Besser noch bei dem Außenseiter der modernen französischen Literatur, Louis Ferdinand Céline. Es ist unerheblich, entzieht sich auch jeder Nachprüfung, ob die Bücher von Henry Miller und Céline rein autobiographisch sind. Was uns interessiert, ist allein der Versuch, auf die Erfindung des Ich zu verzichten. Es ist ein Versuch, der dilettantisch anmutet, der jedem weniger begabten Schriftsteller zum Verhängnis würde, aber selbst Céline und Miller, vor allem Miller, streckenweis zum Verhängnis wird.

In dem Roman ›Reise ans Ende der Nacht‹ von Céline werden uns Begebenheiten, Erlebnisse und Erfahrungen des Ich vorgestellt als dem Autor zugehörig. Der Schriftsteller und Armenarzt Céline stellt sich als Armenarzt, nennt sich Ferdinand, war im Krieg an der Front, dann in den Kolonien, dann in New York und macht später seine Praxis in einem Pariser Vorort auf. Sein Held, das Ich, heißt ebenso, es ergeht ihm ebenso. Céline dringt auf das Tatsächliche und läßt nicht zu, daß wir zwischen Autor und Ich einen Trennungsstrich ziehen. Weil der Autor Céline identisch ist mit dem Romanhelden Céline (so wie der Autor Miller mit dem Romanhelden Miller identisch ist), kann das Ich nicht gesteuert werden, kann der Stoff nicht gesteuert werden. Alle Geschehnisse sind bis zum Exzeß zufällig, denn das Leben des einzelnen, so interessant und reich oder gar bedeutungsvoll es ihm oder anderen manchmal erscheint, ist, wo keine Wahl getroffen wird, wo auf die Anordnung dieses Rohmaterials »Leben« verzichtet wird, völlig bedeutungslos. Es nimmt sich ungültig für den Leser aus. Daß Millers und Célines Ich sich halten können, liegt nur daran, daß sie eine Sprache haben, die gesteigert das Chaos wiederholt, sie reden, reden und reden, bis ihr Leben in Sprache aufgeht. Und Céline krakeelt und polemisiert und wütet in seinem Argôt, bis seine Misere-Geschichten, die sonst niemand was angingen, in diesem Sprachstrom die Misere aller Armen repräsentieren.

»Ich dachte natürlich auch an meine Zukunft, aber in einer Art Fieberwahn, weil ich die ganze Zeit unterdrückt die Furcht empfand, im Krieg getötet zu werden oder im Frieden zu verhungern. Ich war bedingt zum Tod verurteilt und verliebt. Es war ärger als ein schlechter Traum. Nicht sehr weit entfernt von uns, weniger als hundert Kilometer weit, warteten Millionen tapferer, wackerer, wohlbewaffneter und wohlgedrillter Menschen darauf, mich zu killen, und die Franzosen wären mir auch auf den Leib gerückt, hätte ich ihn nicht von den anderen drüben in blutige Fetzen reißen lassen wollen.

Es gibt für den Armen zwei ausgezeichnete Methoden zu krepieren: entweder durch die vollständige Gleichgültigkeit des Nächsten im Frieden oder durch seinen Mordwahn im Krieg. Wenn sie überhaupt an dich denken, dann denken sie nur daran, wie sie dich martern können. Nur blutend interessiert man diese Schweinehunde!«[1]

Und eine andere Stelle:

»Was man da betrieb, dieses Aufeinanderlosschießen, ohne weiteres, ohne daß man sich überhaupt sah, das war nicht verboten! Also war es kein Irrtum! Das gehörte zu den Dingen, die man machen durfte, ohne einen Krach zu riskieren? Es wurde von gesetzten Leuten anerkannt, zweifellos sogar gefördert, wie eine Lotterieziehung, eine Verlobung, eine Schnitzeljagd! ... Nichts zu wollen. Ich hatte soeben mit einemmal den ganzen Krieg entdeckt. Ich war meine Unschuld losgeworden ... Ach! Was hätte ich in diesem Augenblick nicht darum gegeben, im Gefängnis zu sein statt hier, ich Idiot! Hätte ich nur in weiser Voraussicht, als es noch so leicht war, als noch Zeit dazu war, irgendwo irgendwas gestohlen. Man denkt an nichts! Aus dem Gefängnis kommt man lebend zurück, aber nicht aus dem Krieg. Alles andere sind Redensarten.«[2]

Das Buch wird zum Notschrei, und die Not läßt ihn schreien, in den Kolonien, in Amerika, in der Pariser Vorstadt. Pleite ist das Wort für ihn, immer wieder.

»Ich wurde immer müder und hoffnungsloser, wenn ich die endlosen Häusermauern betrachtete, die aufgeblähte Einförmigkeit der Pflastersteine, der Ziegel und Balken, die sich bis ins Unendliche fortzusetzen schienen, und immer wieder Geschäfte und Geschäftsgeist, diesen Krebsfraß der Welt von heute, der in den Eiterbeulen verheißungsvoller Reklamen ausbricht.«[3]

Einen schwierigeren Stand hat Miller mit seinem Helden, dem Schriftsteller Miller, und zwar immer dort, genau dort, wo der Autor sich selbst nicht als braven, konfusen Autodidakten durchschaut und uns seitenlang, wie etwa in dem Roman ›Plexus‹, seine Begeisterung über Benn, Dostojewskij oder Spengler mitteilt. Er vermag uns für seine banalsten alltäglichen Erlebnisse zu interessieren, aber nicht für seine geistige Entwicklung, seine Lektüre, seine Gedanken, denn in einem Buch darf wohl Überflüssiges erzählt werden, aber kein überflüssiger Gedanke geäußert werden.

Gedanken, in einem Tagebuch notiert, sind annehmbar, nicht aber, wenn eine Romanfigur damit konsequenzlos belastet wird. Denn das Ich des Tagebuchschreibers, eines Schriftstellers, hat eine andere Trag- und Belastungsfähigkeit. Es ist ein Ich, das, wie bei André Gide, notieren darf, daß Jammes zu Besuch war, daß eine Reise vorbereitet wird, es kann notieren, welche Bücher gelesen worden sind, welche zu lesen wären. Es spricht von Überlegungen, Kopfschmerzen, vom Wetter und kann im nächsten Augenblick einen Gedanken zur politischen oder literarischen Situation äußern. Obwohl das Tagebuch-Ich wahllos vorzugehen scheint, ist es von Natur wählerisch. Denn das Ich figuriert nicht etwa als der ganze André Gide, sondern es posiert, ich meine das nicht abschätzig, für den Schriftsteller Gide.

Das Tagebuch-Ich hat auch die Besonderheit, daß es die Figur Ich nicht zu erschaffen braucht, genau so wenig wie das Brief-Ich. Es kann gar nicht anders denn als Ich einziehen in den Text. Es muß auch nichts von der Stelle bewegen, es bekommt keine Zusammenhänge aufgebürdet, es geht schrittweis vor oder springt; es kann unterbrechen, alles berühren und alles wieder lassen. Denn dieses Ich zieht nicht als Leben, nicht dreidimensional in den Text ein. Es hört sich an wie ein Widerspruch, weil die Tagebuchform doch als die subjektivste, unmittelbarste Gattung gilt. Und doch, trotz aller Subjektivität, trotz der intimen Äußerung und Mitteilung, verbirgt es die Person. Es heißt »Ich« und immerzu »Ich« in den

Tagebüchern, und doch ist auf eine unerklärliche Weise der Autor entrückt und hat Schutz gefunden hinter der Form, der Ich-Form, die verlangt ist.

Das Tagebuch ist zwangweise in Ich-Form. Der Roman, das Gedicht, sind es nicht, und weil Roman und Gedicht die Wahl haben, andere Möglichkeiten haben, verfügen sie über viele Ich-Möglichkeiten, Ich-Probleme. Und es tritt auch nur in diesen beiden Gattungen der Wunsch nach der Zerstörung oder Absetzung des Ich oder seiner Neukonzeption auf. Ich möchte beinahe behaupten, daß es kein Roman-Ich, kein Gedicht-Ich gibt, das nicht von der Beweisführung lebt: Ich spreche, also bin ich. Diese Beweisführung soll die Frage niederschlagen, die sich den Schriftstellern oft stellt, wenn der Text nicht in Ich-Form ist: Wer spricht hier eigentlich? wer weiß dies und jenes von den Figuren, wer leitet sie, wer macht sie kommen und gehen und mit welchem Recht, und wer wählt das zu Erzählende aus? Eine verständliche Frage, von der, in die Enge getrieben, vor einem halben Jahrhundert der konsequente Naturalismus noch größere peinliche Objektivität verlangte, und heute einige junge Romanciers in Frankreich eine behavioristische Prosa schreiben, eine Prosa, die sich in Verhaltens- und Gegenstandsbeschreibung erschöpft, um sich keinem Verdacht auszusetzen.

Aber zurück zum Ich. – Es gibt ein älteres Buch, das beginnt mit einer Szene unter Reisenden in einem Eisenbahnabteil; sie wird von einem Ich erzählt, von dem wir weiter nichts erfahren – wir wissen nicht: ist es der Autor oder ein vom Autor gesetztes Ich. Dieses Ich erzählt also von einer Unterhaltung der Mitreisenden über die Ehe, die plötzlich zu einer, wie es heißt, bis zur Unschicklichkeit erregten Auseinandersetzung wird – durch das Eingreifen eines älteren grauhaarigen Herren.

»›Sie haben wohl erraten, wer ich bin?‹ sagte der grauhaarige Herr leise und anscheinend ruhig.

›Nein, ich habe nicht das Vergnügen.‹

›Das Vergnügen ist nicht groß. Ich bin Posdnyschew, der Held jener Episode, auf die Sie anspielen, der Episode, die darin bestand, daß er seine Frau ermordete‹, sagte er, uns alle der Reihe nach mit hastigen Blicken musternd.«[4]

Und zwei Seiten weiter, wenn der Erzähler allein mit [dem] Grauhaarigen ist, fährt er fort:

»›Gut denn, ich will Ihnen erzählen. – Aber wollen Sie es wirklich hören?‹

Ich wiederholte, daß ich ihn sehr gern anhören würde. Er schwieg einen Augenblick, rieb sich das Gesicht mit den Händen und fing an: ...«[5]

Die Beichte, die jetzt folgt, kennen wir unter dem Titel ›Kreutzersonate‹ von Leo Tolstoi.

Ich wollte Ihnen den Anfang vorführen, weil hier ein klassisch gewordenes Muster der modernen Ich-Erzählung vorliegt, ja der doppelten Ich-Erzählung: in der Rahmenhandlung wird ein Ich vorgeschoben, um eine andere, die wichtige Ich-Figur, anzuhören und uns so vertraulich die Konfession übermitteln zu können.

Es gibt eine noch interessantere Variante der Ich-Erzählung: nämlich wo ein Herausgeber-Ich vorgeschoben wird, um das entscheidende Ich im Buch zu tarnen oder zu verfremden. Dostojewskij benutzte diese Variante aus Furcht vor der Zensur. Er tritt zweimal als Ich auf in den ›Aufzeichnungen aus einem Totenhaus‹, gibt als Herausgeber vor, einen gewissen Alexander Petrówitsch Gorjántschikoff, der in Sibirien zehn Jahre als

Sträfling wegen Gattenmord zubrachte, kennengelernt zu haben. Nach dessen Tod habe er ein Heft mit der Schilderung des Sträflingslebens gefunden – aber wir wissen heute natürlich, daß Dostojewskij sich tarnt, daß er selbst als Sträfling, und aus anderen Gründen, in Sibirien war. Als Herausgeber schreibt er vorsichtig im Vorwort:

»Das Ganze erschien mir ziemlich zusammenhanglos … Ich habe diese Bruchstücke mehrmals durchgelesen und mich überzeugt, daß sie nahezu in anormalem Zustand geschrieben worden sind. Trotzdem schienen mir seine Aufzeichnungen – diese ›Szenen aus einem toten Haus‹, wie er sie selbst an einer Stelle nennt – nicht ganz uninteressant. Die für uns völlig neue, bisher noch nie beschriebene Welt, die er schildert, die Seltsamkeit mancher Vorkommnisse, einige besondere Bemerkungen über das dort verkommende Volk – alles das hat mich gefesselt, und ich habe manches mit Interesse gelesen. Natürlich kann ich mich täuschen. So wähle ich denn vorläufig einige Kapitel zur Probe aus; mögen dann die Leser selbst urteilen …«[6]

Das Dostojewskij aufgezwungene Manöver hat einen Kunstgriff geboren, der interessant bleibt, auch wenn der Anlaß selbst längst vergessen wäre. Diese offenkundige Inszenierung, dieses »natürlich kann ich mich täuschen« und »so wähle ich denn einige Kapitel zur Probe aus« – wie oft begegnet sie uns nicht bis auf den heutigen Tag im Roman. Sie verfehlt ihre Wirkung auf uns nie, macht uns neugierig; wir rätseln gerne herum an dem Versteckspiel mit dem Ich, das versteckt werden muß, um sich besser preisgeben zu können.

Nicht viel anders verfährt Italo Svevo in seinem Roman ›Zeno Cosini‹. Ein Arzt, Psychoanalytiker, gibt aus Bosheit die Aufzeichnungen seines Patienten Zeno Cosini, eines Triestiner

Kaufmanns, heraus. Die Aufzeichnungen sind entstanden, weil der Patient, der die Psychoanalyse nicht ernst nahm und keine Lust hatte, sich auf den Diwan zu legen, auf eigene Faust sein Leben untersuchen wollte. Aber wir sind, mit Italo Svevo, wieder im 20. Jahrhundert und darum bei einem Ich angelangt, das nicht nur erzählt und davon seine Katharsis erhofft (wie in den früheren Beichten der russischen Erzähler etwa), sondern dem sein Ich schon nicht mehr geheuer ist. Der italienische Titel heißt ja auch ›La coscienza di Zeno‹ – also »Zenos Bewußtsein«. Und die beherrschende Frage dieses Buches ist keine andere mehr als »Wer bin ich?«! Zwar verfolgen wir scheinbar nichts weiter als den Werdegang eines banalen Menschen von seiner Kindheit an, erfahren von den ersten heimlichen Rauchversuchen, von der verbummelten Studentenzeit bis zum Tod des Vaters, von der unglücklichen Liebe zu Ada und der grotesken Verlobung mit deren häßlicher Schwester, von dem Betrug an dieser Frau, der aber das bürgerliche Familienleben keinesfalls stört, der Gründung eines Handelshauses, vom Ausbruch des Ersten Weltkriegs, der schließlich dem willenlos dahinlebenden Zeno Cosini die Gelegenheit zur »Tat« gibt, zu Schiebergeschäften. Diese nichtige Existenz, die Chaplin-Züge hat, die phantastische Komik aller dieser folgenlosen, undramatischen Vorfälle, erhält ihre Größe von der Beleuchtung dieses Ichs. Dieser hypochondrische Cosini, der seine Krankheit sucht und nicht findet, die Wahrheit sucht und nicht findet, der sein Leben so, aber auch ganz anders erzählen kann, ruft aus:

»Ein geschriebenes Bekenntnis ist immer verlogen. Mit jedem sprachlich reinen Wort lügen wir! Wenn er (und gemeint ist der Psychoanalytiker), wenn er wüßte, wie wir nur jene Dinge gerne erzählen, für die uns das Wort bereitsteht; wie wir fast alle andern auslassen, die uns zwingen würden, das Wörterbuch zu benützen. Auf diese Weise wählen wir aus unserem Leben die Episoden, die wir erzählen. Es ist ganz klar, daß zum Beispiel mein Leben ganz anders aussehen würde, wenn ich es in meinem Dialekt (gemeint ist der triestinische) hätte erzählen dürfen.«[7]

Was das Ich Italo Svevos zu entdecken gibt, was es an Möglichkeiten anschlägt, ist bisher noch kaum begriffen worden. Es ist ein noch kaum genutztes, unausgeschöpftes Ich, das da im Narrenkleid eines Triestiner Müßiggängers herumspaziert, nichtsnutzig, verlogen, wahrheitssüchtig, sehr direkt und im nächsten Augenblick uns auslachend, weil, was wir für sein Gesicht halten, einmal ein Wunschgesicht, ein andermal eine Maske ist, und dann doch plötzlich wieder sein wahres Gesicht. Dieses Ich ist sich schon ganz im Unklaren über seine Dichte, seine Eigenschaften, und es fehlt ja auch nicht mehr viel Zeit, bis ein anderer Schriftsteller kommt und ausdrücklich seinen »Mann ohne Eigenschaften« etabliert. Und weil Svevos tragikomischer Held von Arzt zu Arzt läuft, eine Kur nach der anderen absolviert und von der Psychoanalyse, in der er den Arzt täuscht, in das Erinnerungsabenteuer getrieben wird, das er aber auf seine Weise besteht, ganz und gar eigenartig, konnte Svevos berühmter gewordener Freund und Bewunderer James Joyce schreiben: was ihn daran besonders interessiere, sei die Behandlung der Zeit in dem Roman. Und wirklich ermöglicht das Ich des Italo Svevo eine Behandlung der Zeit, die zu den dichterischen Pionierleistungen dieses Jahrhunderts zu zählen ist.

Er selbst sagt darüber:

»Die Vergangenheit ist immer neu: Sie verändert sich dauernd, wie das Leben fortschreitet. Teile von ihr, die in Vergessenheit gesunken schienen, tauchen wieder auf, andere wiederum versinken, weil sie weniger wichtig sind. Die Gegenwart dirigiert die Vergangenheit wie die Mitglieder eines Orchesters. Sie benötigt gerade diese Töne und keine anderen. So erscheint die Vergangenheit bald lang, bald kurz. Bald klingt sie auf, bald verstummt sie. In die Gegenwart wirkt nur jener Teil des Vergangenen hinein, der dazu bestimmt ist, sie zu erhellen oder zu verdunkeln.«[8]

Darum meine ich auch, daß zwischen dem Ich des 19. Jahrhunderts (oder gar dem Ich des Goetheschen Werther, der ja einer der hervorragendsten Fälle von einem Ich war, einem Ich als einziger Instanz, die das Geschehen beleuchtet), zwischen dem alten Ich also und dem Ich in einem Buch wie der ›Coscienza di Zeno‹ Abgründe liegen, und nochmals Abgründe zwischen diesem Ich und dem Ich von Samuel Beckett, von dem noch die Rede sein soll. Die erste Veränderung, die das Ich erfahren hat, ist, daß es sich nicht mehr in der Geschichte aufhält, sondern daß sich neuerdings die Geschichte im Ich aufhält. Das heißt: nur so lange das Ich selber unbefragt blieb, solange man ihm zutraute, daß es seine Geschichte zu erzählen verstünde, war auch die Geschichte von ihm garantiert und war es selbst als Person mitgarantiert. Seit das Ich aufgelöst wird, sind Ich und Geschichte, Ich und Erzählung es nicht mehr. Weder der Leser noch der Autor Italo Svevo wären bereit, für dieses Ich des Zeno Cosini die Hand ins Feuer zu legen. Und doch ist, gerade darum, dem Ich plötzlich durch den Verlust an Sicherheit ein Gewinn zugewachsen. Die neuartige Behandlung der Zeit, die Svevos Ich schon ermöglichte, und somit die neue Behandlung des »Stoffes«, ist nur ein wegbereitendes Beispiel. Die Erfüllung brachte Marcel Prousts Romanwerk ›Auf der Suche nach der verlorenen Zeit‹. Wenn Proust sein Ich einsetzt und auf die Suche schickt, dieses wenig romanhafte Ich, und ihm einen Riesenroman auflädt, so vertraut er ihm nicht als Person oder gar als Handlungsträger die Hauptrolle an, sondern [wegen] der Begabung des Ich zur Erinnerung – dieser einzigen Qualität wegen und keiner anderen. Das Ich, das Vorbildliches nur als Zeuge leistet, wird nicht mehr einvernommen, zum Reden gebracht im alten Sinn, zur Beichte veranlaßt, sondern es wird, weil es an allen Tatorten war – in Combray, in Balbec, in Paris, im Haus der Herzogin von Guermantes, im Theater, an denen des Geschehens und Nichtgeschehens –, weil es also an allen Tatorten war und von dem Mörder Zeit zum Weitergehen und Vergessen gezwungen wird und die Zeit nur aufheben kann, wenn ein Geruch, ein Geschmack, ein Wort, ein Klang das Vergangene – Orte und Gestalten – zurückbringt, zurück das selbst Gesehene, selbst Erlebte und das, wovon man dem Ich erzählt hat. Es ist ja eine Besonderheit des Proustschen Romans, daß das Ich über lange Strecken verschwindet. Das ganze Swann-Buch und noch einige andere Teile erscheinen verselbständigt und in der dritten Person. Und doch ist es das Ich, das einsteigt, das den Einstieg in die Zeit übernimmt und eine bisher unbetretene memoriale Tiefe erobert. Am Ende des ersten Buches begründet daher das Erzähler-Ich das darauffolgende Swann-Buch mit diesen Worten:

»So dachte ich oft bis zum Morgen an die Zeiten von Combray zurück, an meine traurigen, schlaflosen Abende, an viele Tage auch, deren Bild mir viel später erst durch den Duft – das ›Aroma‹ hätte man in Combray gesagt – einer Tasse Tee wiedergeschenkt worden war und dadurch, daß ich gewisse Erinnerungen mit dem zusammengestellt hatte, was ich viele Jahre nach Verlassen der kleinen Stadt – und zwar mit einer

Genauigkeit in den Details, wie sie manchmal im Hinblick auf seit Jahrhunderten verstorbene Personen leicht zu erreichen ist, jedoch in bezug auf das Leben unserer besten Freunde unmöglich erscheint, so wie es als unmöglich galt, von einer Stadt zur anderen zu sprechen, bis man das Auskunftsmittel fand, durch das diese Schwierigkeit überwunden wurde – über eine Liebesaffaire Swanns, die vor der Zeit meiner Geburt lag, erfuhr. Alle diese aneinandergefügten Erinnerungen bildeten eine Art fester Masse, dennoch gab es zwischen den älteren und den neueren, solchen, die aus einem Duft aufgestiegen und solchen, die eigentlich Erinnerungen anderer Menschen waren, von denen ich sie erst übernahm, wenn nicht gerade Risse, so doch kleine Spalten oder wenigstens Äderungen und farbliche Unterschiede, wie sie bei manchen Gesteinsbildungen, besonders den Marmorarten, auf die Verschiedenheit des Ursprungs, des Alters oder der ›Formation‹ zurückzuführen sind.«[9]

Wo aber dieses Ich, dieser Marcel, sich dem, was wir uns unter einem Roman-Ich gewöhnlich vorstellen, am meisten nähert, etwa in dem Buch ›Die Gefangene‹, das seine Liebe zu Albertine erzählt, fasziniert nie das Intime, nie das Bekenntnis – denn dieses Ich ist wie spezialisiert darauf, jede seiner Erfahrungen in eine Gesamtheit der Erfahrung abzugeben und sie mit einem sehr gleichmäßigen Licht der Erkenntnis zu durchleuchten. Charakteristisch für diese Übergabe einer Ich-Mitteilung, für die Auflösung des Subjektiven ins Objektive, sind darum bei Proust Sätze wie diejenigen, die seine Liebe zur Herzogin von Guermantes betreffen:

»Auf der Stelle liebte ich sie, denn wenn es manchmal genügen kann, damit wir eine Frau lieben können, daß sie uns mit Verachtung anblickt – wie ich glaubte, daß Mademoiselle

Swann es getan habe – und daß wir denken, sie werde uns niemals angehören, so genügt es ein anderes Mal, daß sie uns mit Güte anschaut, wie Madame de Guermantes es tat, und daß wir uns vorstellen, sie könne einmal näher zu uns gehören.«

Dieses »Auf der Stelle liebte ich sie« wird also sofort abgefangen in den folgenden Wir-Sätzen, in Erkenntnissätzen. Sie verstehen wohl, daß ich nur Ich-Hinweise geben will, ja, daß es auch nur über ein einziges Ich wie das Proustsche so viel zu sagen gäbe, daß es einem leid wird, es so schnell verlassen zu müssen, dieses Ich mit seiner besonderen Art der Wahrnehmung, die in unserer alltäglichen Erfahrung nur ausnahmsweise vorkommt. Ernst Robert Curtius schreibt darüber:

»Sie (diese Art der Wahrnehmung ist gemeint) liegt an jener Grenze, wo das normale Wachbewußtsein in andere Bewußtseinszustände übergeht. Sie deckt sich mit dem, was die Psychologie der Mystik in einem genau umschriebenen Sinne ›Kontemplation‹ nennt: eine Haltung, die eine reale Verbindung zwischen dem Sehenden und dem Gesehenen herstellt.«[10]

Das Proustsche Ich ist alles mögliche, aber jedenfalls sich selbst, als Instrument, kein Rätsel. Es verhält sich ruhig, vertraut seiner Fassungskraft. In seiner Suche nach der verlorenen Zeit übernimmt es die Rolle des Übermittlers einer Erkenntnis, die freilich nicht partielle Resultate zeitigt, sondern die Wiederherstellung unseres gesamten Erlebens und somit eine »Summa« ist.

Ein rätselvolles Ich, das nicht in die Tiefe der Zeit führt, sondern in das Labyrinth der Existenz, zu den Monstren der Seele, hat ein deutscher Roman erschaffen, ›Fluß ohne Ufer‹, von

Hans Henny Jahnn. Der Held, Gustav Anias Horn, schreibt für sich allein, nachdem er neunundvierzig Jahre alt geworden ist, an niemand sich wendend, argwöhnisch seinem schreibenden Ich auf die Finger sehend, in steter Verzweiflung, um der Wahrheit über seine Vergangenheit auf die Spur zu kommen, einem unaufgeklärten Verbrechen, an dem er selber Schuld trägt. Nicht die wuchernden und überwuchernden Handlungselemente sind belangvoll, sondern die Situation des Schreibenden, der niemandem erzählt, sondern sich, indem er sich der Lüge und der Konvention enthält, zu seinem eigenen Richter macht. Da aber für Hans Henny Jahnn das Ich keine feste Größe ist, ein Rätsel ist, weil es ständig sich verändert und nicht mehr auszumachen ist, wie es war und wer es früher war, dieses Ich, strömend, vergänglich in einem bewegten Meer sich erneuernd, scheinen die Schwierigkeiten unüberwindlich. Eine Konstante des Wesens, damit es verantwortlich gemacht und gerichtet werden kann, läßt sich nicht finden. Die Sucht nach Genauigkeit ist sein einziger hervorstechender Zug, sie geht so weit, daß das Ich mit Personen in Verbindung tritt, die ihm Klarheit über einzelne Punkte der Vergangenheit verschaffen können. Dadurch setzt sich die Vergangenheit in die Gegenwart fort, und Horn wird an den Menschen geraten, der ihn ermorden wird. Horn ist besessen von der Idee: »Ich stehe mitten in einem Gerichtsverfahren; alles, was sich ereignet, sind Maßnahmen des Gerichts, und der Gegenstand der Untersuchung und des Urteils ist mein Leben. Es gibt kein Entrinnen.«[11]

Und die Sehnsucht seines Ichs spricht sich so aus:

»In dieser unverläßlichen Welt sollte für mich etwas Verläßliches bestehen – das Bild unseres Schicksals und Handelns sollte sich nicht verzerren können.«

Das Ich leidet daran, keine bestimmte Persönlichkeit mehr zu besitzen, es ist abgeschnitten von jeder Bindung, jedem Bezug, in dem es als solches bestimmt sein könnte. Es entdeckt sich nur mehr als Instrument eines blinden Geschehens.

»Ich stehe auf dem schwachen Platz eines Einzelnen, ein Abtrünniger, der zu denken versucht – der seine Abhängigkeit von den Bewegungen und Maßnahmen seiner Zeit kennt, in dessen Ohren die Worte gellen, die man spricht, lehrt, verkündet, nach denen man richtet, in denen man stirbt – und der ihnen nicht mehr glaubt. Der nicht an Elektrizitätswerke, Kohlengruben, Ölquellen, Erzschächte, Hochöfen, Walzwerke, Teerprodukte, Kanonen, Film und Telegrafen glaubt – der einen Irrtum vermutet.«[12]

Dieses Ich sucht, findet und richtet sich schon vor dem Nichts; seine Tragik begreift es nur mehr als Verhängnis. Aber es kennt noch etwas, das von Jahnn »Schicksal« genannt wird.

Nichts von all dem gilt mehr für das letzte Ich, von dem ich sprechen möchte, für das Ich Samuel Becketts. In seinem letzten Roman ›Der Namenlose‹ hält es einen Monolog ohne Anfang, ohne Ende, auf der hoffnungslosen Suche nach sich selbst. Dieses Ich, Mahood, erlebt nichts mehr, kennt keine Geschichten mehr, es ist ein Wesen, das nur mehr aus Kopf und Rumpf, aus einem Arm und einem Bein besteht, in einem Blumenkübel lebt, versucht sich zu konzentrieren, zu denken, nur noch zu denken, um zu fragen – aber was, das ist auch schon die Frage! – also, um sich fragend am Leben zu erhalten. Nicht nur Persönlichkeit oder gar Identität, Wesenskonstante, Geschichte, Umwelt und Vergangenheit sind ihm abhanden gekommen, sondern sein Verlangen nach Schweigen droht, es auszulöschen, zu vernichten. Sein Vertrauen in die Sprache ist so zerstört, daß sich die übliche Ich- und Weltbefragung er-übrigen. Ich habe vorhin einmal gesagt, daß sich das Ich zuerst in der es umgebenden Geschichte aufhielt, später, bei Svevo, bei Proust, die Geschichten sich im Ich aufhalten, daß also eine Verlagerung stattfand. Bei Beckett endlich kommt es zur Liquidation der Inhalte überhaupt.

»Und die Menschen erst, all die Lehren, die sie mir über die Menschen erteilten, bevor sie geruhten, mich ihnen zuzuord-nen. All das, worüber ich spreche, womit ich spreche, ich habe es von ihnen. Meinetwegen, aber es dient zu nichts, es nimmt kein Ende. Über mich muß ich jetzt sprechen, selbst wenn ich es mit ihrer Sprache tun muß, es wird ein Anfang sein, ein Schritt zum Schweigen, zum Ende des Wahns, des Wahns, sprechen zu müssen und es nicht zu können, außer von Dingen, die mich nicht angehen, die nicht zählen, an die ich nicht glaube, mit denen sie mich überfüttert haben, um mich zu hindern, daß ich sage, wer ich bin, wo ich bin und daß ich tue, was ich tun muß. Sie lieben mich sicher nicht. Ah, sie haben mich gehörig zugerichtet, aber sie haben mich nicht dabei gekriegt, nicht ganz, noch nicht. Für sie zeugen, bis ich krepiere, als ob man an solchem Spiel krepieren könnte, das ist es, was ich für sie tun soll. Den Mund nicht auftun zu können, ohne sie zu proklamieren, als ihr Artge-nosse, das ist es, wozu sie mich erniedrigt zu haben glauben. Mir eine Sprache eingetrichtert zu haben, von der sie sich einbilden, daß ich mich ihrer nie bedienen könnte, ohne mich zu ihrer Sippschaft zu bekennen, ein feiner Trick. Ich werde Ordnung schaffen in ihrem Missingsch. Von dem ich übrigens kein Wort verstanden habe, ebensowenig wie von den Geschichten, die es fortkarrt wie krepierte Hunde. Mein Unvermögen zu absorbieren, meine Fähigkeit zu vergessen, haben sie unterschätzt. Teure Verständnislosigkeit, dir werde ich letzten Endes verdanken, ich zu sein. Es wird bald nicht mehr viel übrig sein von dem, was sie in mich hineingestopft haben. Dann endlich werde ich mich erbrechen, mit den schallenden ruchlosen Rülpsern eines Hungerleiders, die im Koma, einem langen, köstlichen Koma enden.«[13]

Becketts Ich verliert sich im Gemurmel, und noch sein Gemurmel ist ihm verdächtig, aber die Nötigung zu reden ist trotzdem da, das Resignieren unmöglich. Wenn es sich auch der Welt entzogen hat, weil es von ihr geschändet, erniedrigt und aller Inhalte beraubt wurde – sich selber kann es sich nicht entziehen, und in seiner Dürftigkeit und Bedürftigkeit ist es noch immer ein Held, der Held Ich, mit seinem Heroismus von jeher, jener Tapferkeit, die an ihm unsichtbar bleibt und die seine größte ist. [Mahoods letzte Worte sind:]

»... ich werde also weitermachen, man muß Worte sagen, solange es welche gibt, man muß sie sagen, bis sie mich finden, bis sie mir sagen, seltsame Mühe, seltsame Sünde, man muß weitermachen, es ist vielleicht schon geschehen, sie haben es mir vielleicht schon gesagt, sie haben mich vielleicht bis an die Schwelle meiner Geschichte getragen, vor die Tür, die sich zu meiner Geschichte öffnet, es würde mich wundern, wenn sie sich öffnete, es wird ich sein, es wird das Schweigen sein, da wo ich bin, ich weiß nicht, ich werde es nie wissen, im Schweigen weiß man nicht, man muß weitermachen, ich werde weitermachen.«[14]

Das sind die letzten bedrückenden Verlautbarungen des Ich in der Dichtung, von denen wir wissen, während wir jeden Tag hartnäckig und mit dem Brustton der Überzeugung »Ich« sagen, belächelt von den »Es« und »Man«, von den anonymen Instanzen, die unsere Ich überhören, als redete da Niemand. Aber wird von der Dichtung nicht, trotz seiner unbestimmbaren Größe, seiner unbestimmbaren Lage immer wieder das Ich hervorgebracht werden, einer neuen Lage entsprechend, mit einem Halt an einem neuen Wort? Denn es gibt keine letzte Verlautbarung. Es ist das Wunder des Ich, daß es, wo immer es spricht, lebt; es kann nicht sterben – ob es geschlagen ist oder im Zweifel, ohne Glaubwürdigkeit und verstümmelt – dieses Ich ohne Gewähr! Und wenn keiner ihm glaubt, und wenn es sich selbst nicht glaubt, man muß ihm glauben, es muß sich glauben, sowie es einsetzt, sowie es zu Wort kommt, sich löst aus dem uniformen Chor, aus der schweigenden Versammlung, wer es auch sei, was es auch sei. Und es wird seinen Triumph haben, heute wie eh und je – als Platzhalter der menschlichen Stimme.

IV

Der Umgang mit Namen

Meine Damen und Herren,
in diesen Wochen hatten Sie hier in Frankfurt das Glück, die Bekanntschaft mit Alban Bergs Oper ›Lulu‹ zu machen, und es wird für viele zutreffen, selbst für jene, die sie nicht sehen und hören konnten, daß der Name »Lulu«, der Name dieses Geschöpfs des Dichters Wedekind und des Komponisten Berg, nicht mehr wegzudenken ist – daß er sich immer im Bewußtsein verankert, dieser Name mit Aura, einer Aura, die er zwar der Musik und der Sprache verdankt, aber hat er sie, hat ein Name einmal solche Strahlkraft, so scheint es, daß er sich frei macht und verselbständigt; der Name allein genügt, um in der Welt zu sein. Es gibt nichts Mysteriöseres als das Leuchten von Namen und unser Hängen an solchen Namen, und nicht einmal die Unkenntnis der Werke verhindert das triumphierende Vorhandensein von Lulu und Undine, von Emma Bovary und Anna Karenina, von Don Quijote, Rastignac, dem Grünen Heinrich und Hans Castorp. Ja, der Umgang mit ihnen in Gesprächen oder in Gedanken ist uns so selbstverständlich, so geheuer, daß wir nicht ein einziges Mal fragen, warum ihre Namen in der Welt sind, als wäre jemand mit ihnen besser getauft als wir mit unseren Namen, als hätte da eine Taufe stattgefunden, bei der zwar kein Weihwasser hat herhalten müssen und von der kein Schriftzug in einem Register spricht – als hätte da eine Namensgebung stattgefunden, die endgültiger und von einem Vorzug ist, an dem kein Lebender teilhat. Diese Namen sind eingebrannt in erdachte

Wesen und vertreten sie zugleich, sie sind dauerhaft und so mit diesen Wesen verbunden, daß, wenn wir sie ausborgen und Kinder so nennen, diese zeitlebens mit der Anspielung herumgehen oder wie in einem Kostüm: der Name bleibt stärker an die erschaffene Gestalt gebunden als an den Lebenden.

Weil der Dichtung in Glücksfällen Namen gelungen sind und die Taufe möglich war, ist für die Schriftsteller das Namensproblem und die Namensfrage etwas sehr Bewegendes, und zwar nicht nur in bezug auf Gestalten, sondern auch auf Orte, auf Straßen, die auf dieser außerordentlichen Landkarte eingetragen werden müssen, in diesen Atlas, den nur die Literatur sichtbar macht. Diese Landkarte deckt sich nur an wenigen Stellen mit den Karten der Geographen. Freilich sind auch Orte darauf eingetragen, die der gute Schüler kennt, aber auch andere, die kein Lehrer kennt, und alle zusammen ergeben sie ein Netzwerk, das reicht von Delphi und Aulis bis Dublin und Combray, von der Rue Morgue bis zum Alexanderplatz und vom Bois de Boulogne bis in den Prater: die Wüste von T. E. Lawrence und der Himmel, den Saint-Exupéry beflogen hat, stehen auch darauf, aber viele Wüsten nicht, viel fruchtbare Erde nicht – hier gibt es sie nicht. Und Orte gibt es darauf, manche viele Male, wohl hundertmal Venedig, aber immer ein anderes, das von Goldoni und von Nietzsche, eines von Hofmannsthal und eines von Thomas Mann, und es gibt Länder, die sich schwerlich finden auf den käuflichen Karten, Orplid und Atlantis, und andere, die gibt es wohl, wie Illyrien, aber Shakespeares Illyrien deckt sich nicht damit; und es gibt natürlich auch Frankreich und England und Italien und wie die Länder alle heißen mögen! Aber suchen wir einmal jenes Frankreich, das wir jetzt meinen, reisen wir – wir werden nicht ankommen, dort waren wir schon immer oder noch nie. Auf dem Zauberatlas ist es eingezeichnet, wahrer, viel wahrer, und es grenzt dort die Newa an die Seine, und über die Seine führt der Pont du Carrousel von Balzac und der Pont Mirabeau von Apollinaire, und die Steine und die Wasser sind aus Worten gemacht. Dort werden wir unseren Fuß nie hinsetzen, auf diesen Pont Mirabeau niemals, und das schneeige Rußland, durch das die Zwölf von Alexander Blok gezogen sind, wird uns nicht sehen. Aber andererseits: auf all unseren Fahrten, wo sind wir wirklich gewesen? Im Bordell von Dublin und auf dem Blocksberg, auf den finnischen Gütern des Herrn Puntila und in den Salons von Kakanien – dort waren wir vielleicht wirklich.

Unsere Namen sind so zufällig und das Gefühl der Namenlosigkeit uns selbst und der Welt gegenüber befällt uns oft. Darum bedarf es der Namen, Gestaltennamen, Ortsnamen, Namen überhaupt. Aber verwunderlich ist es doch, und wer möchte nicht manchmal rufen, mit Hamlet:

»Und alles das um nichts!

Um Hekuba!

Was ist ihm Hekuba, was ist er ihr, daß er um sie soll

weinen!«[1]

Ja, was sind uns Lulu und Julien Sorel, was Manon und der Knabe Eli? Sind sie nur Stellvertretungen oder Anspielungen? So, wie einer anspielt auf Hekuba und Hekuba wiederum anspielt auf ein Drittes. Sind sie Platzhalter? Oder noch etwas mehr?

Denn mir scheint, daß die Treue zu diesen Namen, Gestaltnamen, Ortsnamen, fast die einzige ist, deren die Menschen fähig sind.

Unser Gedächtnis ist so eingerichtet, daß wir die Namen der

Lebenden vergessen, von Schulfreunden nach 15 Jahren kaum mehr wissen, wie sie geheißen haben; die Adressen, die wir einmal auswendig kannten, gehen uns verloren; oder ein Stück von einem Namen geht verloren, die rechte Schreibung; eine Verwechslung tritt eines Tages ein. Und dieses Verdämmern: war es damals in Parma oder in Piacenza? – nein, in Pavia, oder doch nicht! Von diesem Namensterben in uns ist nur weniges ausgenommen, die Namen derer, die uns am nächsten gestanden sind, oder Namen, die Vorfälle, Zufälle, verankert haben.

Aber was wir hofften, vergessen zu können, schon früh in der Schulzeit, weil wir ärgerlich waren, wenn man uns mit Odysseus und Wilhelm Tell plagte, und obwohl wir geschworen haben, sie zu vergessen wie die chemischen Formeln, die wir tatsächlich vergessen haben – wir haben sie nicht vergessen, und unsere Vorstellung von ihnen, deutlich oder verkümmert, ist haltbarer und vertretbarer als die von lebenden Menschen. Der Umgang mit ihnen ist unkündbar.

Wir gehen ja wirklich mit ihnen um, für uns ist die Welt auch mit ihnen bevölkert.

Unlängst ist in einem New Yorker Museum ein Bild von Monet verbrannt, die ›Seerosen‹. Ich habe es einmal gesehen, und als die Nachricht in den Zeitungen stand, kam ich von dem Gedanken nicht los: wohin sind nun eigentlich die Seerosen gegangen? Dieses Verschwinden, Auslöschen, es ist nicht möglich; unser Gedächtnis hält sie noch, will sie halten, und man möchte reden von ihnen, damit sie hierbleiben, denn diese Zerstörung ist so anders als das Sterben aller Seerosen in allen Seen, und doch war der Brand nur eine geringfügige Zerstörung, gemessen an allen Zerstörungen, von denen wir wissen, durch Kriege. Oder was ist das mit dem

Brand der Bibliothek von Alexandrien, von dem wir noch immer reden, nach 2000 Jahren, als hätten nicht mittlerweile unsere Häuser und Städte oft gebrannt? Immer noch denken wir daran, treu, bei soviel Treulosigkeit. Ob diese Treue gutzuheißen ist – und die Tränen um Hekuba – wir wissen es nicht. Wir sind übertragbar und müssen das Beste übertragen. Es scheint so beschlossen zu sein.

In der neuen Literatur ist, was die Namen anbelangt, nun einiges geschehen, das nachdenklich macht, eine bewußte Schwächung der Namen und eine Unfähigkeit, Namen zu geben, obwohl es weiterhin Namen gibt und manchmal noch starke Namen. Und von beiden soll die Rede sein, von der Behauptung der Namen und vom Verkümmern der Namen, von ihrer Gefährdung und der Ursache dafür.

Als Kafkas Romane und Erzählungen berühmt wurden, wurden mit ihnen K. und Josef K. berühmt, zwei Gestalten, die nicht nur kaum auszumachen sind als Romangestalten im herkömmlichen Sinn, sondern die schon in ihrem Namen reduziert sind, mehr mit einer Chiffre als einem Namen ausgestattet sind. Es besteht nämlich ein eklatanter Zusammenhang zwischen dieser Namensverweigerung von seiten des Autors und der Verweigerung all dessen an K., was ihn berechtigen könnte, einen Namen zu tragen. Herkunft, Milieu, Eigenschaften, jede Verbindlichkeit, jede Ableitbarkeit sind der Figur genommen. Was Kafkas geniale Manipulation für Folgen hatte, ist Ihnen bekannt. Die Kafka-Mode hat uns eine ganze Literatur beschert, Erzählungen und Romane haufenweis, in denen die Helden A. und X. und N. heißen, nicht wissen, woher sie kommen und wohin sie gehen, in Städten und Dörfern wohnen, in Ländern, in denen sich niemand zurechtfindet, meist auch der Autor selber nicht, es gibt da nur allgemeine Benennungen, die Stadt, der Fluß, die Behörde, Prozesse, Einkreisungen, die als Parabeln verstanden werden sollen, aber wofür? Sie sind auf alles und jedes applizierbar. Man sollte den Epigonen jedoch nicht ganz unrecht tun, denn etwas dürften einige von ihnen, bewußt oder unbewußt, begriffen haben – nämlich, daß es heute nicht so leicht ist, etwas zu benennen, Namen zu geben, daß das Vertrauen in die naive Namensgebung erschüttert ist, daß hier tatsächlich eine Schwierigkeit liegt, daß es auch den anderen Autoren, die fortfahren, naiv zu benennen, nur selten gelingt, uns einen Namen zu übergeben, eine Gestalt mit einem Namen, der mehr ist als eine Erkennungsmarke – einen, der uns so überzeugt, daß wir ihn annehmen, fraglos, den wir uns merken, uns wiederholen und mit dem wir anfangen, Umgang zu haben.

Wie Kafka selbst jedoch, zum Unterschied von seinen Nachahmern, folgerichtig mit seinen Namen verfährt, möchte ich Ihnen an einem Beispiel zeigen, dem Roman ›Das Schloß‹. Mit welcher Genauigkeit werden wir doch von ihm in die Unsicherheit und Ungenauigkeit geführt!

Ein Landvermesser, K., kommt in das Dorf, vermeintlich als Angestellter des Schlosses. Wenig später treffen auch seine Gehilfen ein, und es gibt die folgende Szene:

»›Es ist schwer mit euch‹, sagte K. und verglich wie schon öfters ihre Gesichter, ›wie soll ich euch denn unterscheiden? Ihr unterscheidet euch nur durch die Namen, sonst seid ihr einander ähnlich wie‹ – er stockte, unwillkürlich fuhr er dann fort – ›sonst seid ihr einander ja ähnlich wie Schlangen.‹ Sie lächelten. ›Man unterscheidet uns sonst gut‹, sagten sie zur Rechtfertigung. ›Ich glaube es‹, sagte K., ›ich war ja selbst Zeuge dessen, aber ich sehe nur mit meinen Augen, und mit denen kann ich euch nicht unterscheiden. Ich werde euch deshalb wie einen einzigen Mann behandeln und beide Artur nennen, so heißt doch einer von euch. Du etwa?‹ – fragte K. den einen. ›Nein‹, sagte dieser, ›ich heiße Jeremias.‹ ›Es ist ja gleichgültig‹, sagte K., ›ich werde euch beide Artur nennen. Schicke ich Artur irgendwohin, so geht ihr beide, gebe ich Artur eine Arbeit, so macht ihr sie beide ...‹«[2]

Wir werden aber noch sehen, daß K.s Ignoranz sich rächen wird, denn ihm steht die Namensverweigerung nicht zu.

In eine große Verlegenheit kommt K. aber selber, als endlich vom Schloß angerufen wird und er sich melden soll.

K. zögert, sich zu nennen. K.s Zögern macht den Mann ungeduldig. »›Wer dort?‹ wiederholte er und fügte hinzu: ›Es wäre mir sehr lieb, wenn dortseits nicht soviel telefoniert würde, erst vor einem Augenblick ist telefoniert worden.‹« K. geht auf diese Bemerkung nicht ein, sondern meldet sich, einem plötzlichen Entschluß folgend, fälschlich als Gehilfe des Landvermessers. Dringender befragt, welcher Gehilfe er denn sei, gibt K. endlich seinen Vornamen preis und sagt: »Josef.« Ein wenig stört ihn hinter seinem Rücken das Murmeln der Bauern; offenbar sind sie nicht damit einverstanden, daß er sich nicht richtig meldete.

Am Telephon wird ihm widersprochen, man weiß dort, daß die Gehilfen Artur und Jeremias heißen. K. lügt weiter, behauptet, der alte Gehilfe zu sein, der dem Landvermesser nachkam. »›Nein!‹ schrie es nun. ›Wer bin ich also?‹ fragte K., ruhig wie bisher.«[3] Und nach einer Pause gibt die Stimme am Telephon ihm zu, was er hören wollte, er sei der alte Gehilfe. – Damit ist eigentlich der unheilvolle Auftakt da; er kann nur noch, sich hinter einer anderen Person versteckend, fragen, wann sein Herr, also er selber, ins Schloß kommen dürfe. Und die Antwort ist: »Niemals.«

K. bequemt sich auch erst dazu, Jeremias »Jeremias« zu nennen, als dieser ihm gefährlich wird, Artur davongelaufen ist und im Schloß gegen ihn wirkt, aber auch das ist zu spät, denn Jeremias, muß er entdecken, hat ihm Frieda weggenommen, die er wiederum an sich binden wollte, weil sie die Geliebte des vermutlich mächtigen Klamm vom Schloß war. In einem Gespräch über Klamm übrigens, wenn K. die Wirtin, auch eine einstige Geliebte Klamms, ausfragt, bekommt er eine bezeichnende Antwort:

»Die Wirtin schwieg und ließ nur ihren Blick beobachtend an K. auf und ab gehen. Dann sagte sie: ›Ich will allem, was Sie zu sagen haben, ruhig zuhören. Reden Sie lieber offen, als daß Sie mich schonen. Nur eine Bitte habe ich. Gebrauchen Sie nicht Klamms Namen. Nennen Sie ihn ‚Er‘ oder sonstwie, aber nicht beim Namen.‹«[4]

Wenn in dem Fall Klamm aber der Namensgebrauch noch eindeutig ist, obwohl nur sein Name durch das Buch geistert, K. ihn nur einmal durch ein Guckloch, undeutlich, sehen kann und die Wirtin gar nur ein Photo des Boten aufbewahren kann, der sie einmal zu Klamm gerufen hat, so wird die Namensverwirrung vollkommen, wo eine höhergestellte Person aus dem Schloß einmal leiblich erschienen ist und ihren Schatten geworfen hat, als sollte die von Kafka gewünschte Unkenntlichmachung wieder durch die Namensbehandlung erreicht werden. K. stößt schon im Anfang seines Aufenthalts auf den Namen eines Beamten: Sordini. Jemand erklärt:

»›… Ich begreife auch nicht, wie selbst ein Fremder glauben kann, daß, wenn er zum Beispiel Sordini anruft, es auch wirklich Sordini ist, der ihm antwortet. Vielmehr ist es wahrscheinlich ein kleiner Registrator einer ganz anderen Abteilung. Dagegen kann es allerdings in auserlesener Stunde geschehen, daß, wenn man den kleinen Registrator anruft, Sordini selbst die Antwort gibt. Dann freilich ist es besser, man läuft vom Telephon weg, ehe der erste Laut zu hören ist.‹«[5]

Von jenem Sordini meint K. wieder zu hören, wenn Olga ihm die Geschichte ihrer Schwester Amalia erzählt, die den unverschämten Antrag des Beamten abgewiesen hat und deren ganze Familie seither um die Wiederherstellung ihrer Position im Dorf kämpft:

»›… Es gibt einen großen Beamten im Schloß, der heißt Sortini.‹ ›Ich habe schon von ihm gehört‹, sagte K., ›er war an meiner Berufung beteiligt.‹ ›Das glaube ich nicht‹, sagte Olga, ›Sortini tritt in der Öffentlichkeit kaum auf. Irrst du dich nicht mit Sordini, mit ‚d‘ geschrieben?‹ ›Du hast recht‹, sagte K., ›Sordini war es.‹ ›Ja‹, sagte Olga, ›Sordini ist sehr bekannt, einer der fleißigsten Beamten, von dem viel gesprochen wird; Sortini dagegen ist sehr zurückgezogen und den meisten fremd …‹«[6]

Es folgt die Geschichte, und später heißt es plötzlich wieder:

»›… Von Klamm ist es bekannt, daß er sehr grob ist; er spricht angeblich stundenlang nicht, und dann sagt er plötzlich eine derartige Grobheit, daß es einen schaudert. Von Sortini ist das nicht bekannt, wie er ja überhaupt sehr unbekannt ist. Eigentlich weiß man von ihm nur, daß sein Name dem Sordinis ähnlich ist; wäre nicht diese Namensähnlichkeit, würde man ihn wahrscheinlich gar nicht kennen. Auch als Feuerwehrfachmann verwechselt man ihn wahrscheinlich mit Sordini, welcher der eigentliche Fachmann ist und die Namensähnlichkeit ausnützt, um besonders die Repräsentationspflichten auf Sortini abzuwälzen ...‹«[7]

Der Unbekanntheit der Personen oder ihrer relativen Unbekanntheit stehen also die Namensschwankungen oder Namensheimlichkeiten gegenüber. Eins bedingt das andere. Und darum verwundert es auch schon nicht mehr, wenn man, was den Grafen des Schlosses betrifft, das groteske Gespräch K.s mit dem Lehrer liest: »K. gab aber nicht nach und fragte nochmals: ›Wie? Sie kennen den Grafen nicht?‹ ›Wie sollte ich ihn kennen?‹ sagte der Lehrer leise und fügte laut auf französisch hinzu: ›Nehmen Sie Rücksicht auf die Anwesenheit unschuldiger Kinder.‹«[8] Dieses »Nehmen Sie Rücksicht auf die Anwesenheit unschuldiger Kinder«, als wäre die harmlose Frage nach einer Person etwas Obszönes oder Verbrecherisches, ist beispiellos.

Daß bei Kafka auch einfache, hausbackene Namen vorkommen, etwa die Mädchennamen Frieda, Olga, auch Familiennamen wie Gerstäcker und Lasemann in ihrer Selbstverständlichkeit und Unerheblichkeit, lenkt nur den Blick ab von der nicht mehr bewältigbaren Namensfrage. Der Held K, sagt sich ja, in einem Augenblick wirklicher Einsicht, daß er unauffällig wie jene Gerstäcker und die anderen Dorfbewohner werden müßte, um seinen Frieden im Dorf zu finden. Max Brod berichtet, daß K. auf dem Sterbebett erfahren sollte, daß er leben und arbeiten dürfe im Dorf, obwohl kein Rechtsanspruch bestehe. Das Zusammenfallen des Todes mit dieser Nachricht ist notwendig, denn wie der Name K. sich fügen soll, wie er heimisch werden soll unter den anderen einfachen Namen, ist nicht vorstellbar. K. ist nur vorstellbar auf dem Weg, aber nicht am Ziel, nicht in der Gemeinschaft, schon des Namens wegen.

Aber es liegt mir fern, Kafka-Exegese zu treiben.

Wir sind noch immer so gewohnt, Figuren an ihren Namen zu erkennen und mit Hilfe der Namen auf der Fährte des Geschehens zu bleiben, daß wir meinen, mit dem Namen auch schon die Figur zu haben. Selbst bei Kafka können wir uns noch an die Namen klammern; wir werden zwar öfters fortgestoßen, unsicher gemacht, aber wir klammern uns wieder daran. Wir sind es so gewohnt und sind auch verwöhnt – verwöhnt nicht nur von der älteren Literatur, sondern auch von Zeitgenossen jener Schriftsteller, die uns die Namen zum erstenmal aus der Hand schlagen. Ich denke vor allem an Thomas Mann. Aber die Raffinesse, mit der er uns die meisten seiner Namen serviert, ist vielleicht auch nichts anderes als ein Alarmzeichen. Den Namen kommt bei Thomas Mann eine große Wichtigkeit zu; er ist der letzte große Namenserfinder, ein Namenzauberer. Aber er legt die Namen ironisch um seine Gestalten, komische und tragische, mit einer sehr überlegten Nuance. Er will alles aus dem Namen herausholen. Serenus Zeitblom, Helene Oelhafen, Madame Houpflé, die Marquise de Venosta, née Plettenberg – das Gravitätisch-Bürgerliche, das Ordinäre, Gewöhnliche, Blasse oder Exotische, das Pseudoexotische – nun, alles ist genau bedacht, dem Namen injiziert, und auch ein ernster Name wie Adrian Leverkühn ist genau beladen mit der Bedeutung, die der Person zukommt. Oder die akzentuiert norddeutschen, die süddeutschen, die südlichen Namen, sie sollen das Thema schon anschlagen. Oder wie bei ›Tonio Kröger‹ die Gebundenheit an zwei Welten kundtun. Der Name deutet schon auf den Konflikt hin, dem der Held ausgesetzt sein wird.

Ich bin nicht sicher, ob Thomas Mann bei dieser Untersuchung über Namen in der neueren Literatur sehr nützlich ist, aber die ironische, im weitesten Sinn ironische, Namensgebung kann wohl auf den Gedanken bringen, daß die vertrauensvolle Namensgebung auch hier vorläufig zu Ende gegangen ist, nicht ohne uns noch ein paar köstliche, herrliche Namen zu hinterlassen: Peeperkorn, Settembrini, Krull. Es wäre ein langer Reigen.

Stabil auf den ersten Blick, beinahe so stabil wie im Roman des 19. Jahrhunderts, sind auch die Namen bei James Joyce. Sie versprechen durchaus, solide zu sein, wiegen uns in Sicherheit: Da gibt es den Annoncenacquisiteur Leopold Bloom, Marion-Molly, seine Frau, und, ungleich pointierter, Stephan Dädalus, der seinen Namen bedeutungsschwer herumträgt. »Ist doch zum Lachen«, wird ihm gesagt, »dein seltsamer Name, ein alter Grieche.«[9] Es wäre nichts weiter zu bemerken, wenn nicht von der Sprachaufrüttlung, der aggressiven Sprachauflösung auch die Namen betroffen würden. Blooms Name wird dem Leser zuerst einfach vorgesetzt, dann geschüttelt, neu gekostet, er wird von allen Seiten und in allen Variationen gerufen: Leo, Poldy, Siopold! Wanderer Leopold, Junker Leopold, Herr Leopold, der liebste Genosse, Leopold sanftmütiger Meister, Junker Bloom, Leop. Bloom, Stephan D. Leop. Bloom.[10]

In dem Nachttheater, in dem Bordellkapitel, wird er zuerst von der Glocke gerufen: »Bam, Bam, zu-rück, Bloo.« Dann von einer Stimme: »Poldy!« Polizisten treten auf, legen ihm die Hände auf die Schultern, sagen: »Bloom. Von Bloom. Für Bloom. Bloom.«

Und wenig später fährt einer der Polizisten ihn an: »Los! Name und Adresse.«

Bloom antwortet: »Dr. Bloom, Leopold, Zahnarzt. Sie haben doch von Bloom-Pasha gehört? Ungezählte Millionen. Donnerwetter. Gehört halb Österreich. Ägypten. Vetter.«

Der erste Polizist fragt: »Beweis?«

Bloom reicht ihm eine Karte. Von dieser Karte aber liest der Polizist den Namen: »Henry Flower, kein fester Wohnsitz.« (Denn Leopold läßt sich von seiner Geliebten Martha Henry Flower nennen und hat, wie wir wissen, im Lauf des Tages einen Poste-restante-Brief, auf diesen Namen lautend, abgeholt.)

Kurz nach der Polizistenszene erscheint Martha, ruft: »Henry! Leopold! Leopold! Lionel, du verlorener. Gib mir meine Ehre wieder.«

Eine andere Frau sagt aus, von ihm einen Brief erhalten zu haben, unterzeichnet mit dem Namen James Lovebirch.

Es treten auf· Küsse, die zwitschern und trillern: »Leo! ... Leopopold! Leeolee! O, Leo!«

Bloom schlüpft im weitern Verlauf der Szene in verschiedene Rollen, als Kaiser und Herrscher heißt er: Leopold der Erste. Der Erzbischof, der ihn salbt, gibt ihm die Namen: »Leopold, Patrick, Andreas, David, Georg, so seiest du nun gesalbt!«

Bloom (in seiner Rede an die Untertanen) sagt: »Meine geliebten Untertanen, eine neue Ära dämmert herauf. Ich, Bloom, sage euch der Wahrheit gemäß, daß sie schon greifbar ist. Ja, auf das Wort eines Bloom, bald sollt ihr einziehen in die goldene Stadt, die entstehen wird, d.h. in das neue Bloomusalem.«

Darauf steht ein Mann auf. Sagt: »Glaubt kein Wort von dem, was er sagt. Der Mann ist Leopold M'Intosh, der bekannte Brandstifter. Sein wirklicher Name ist Higgins.«

Als Professor Bloom wird er zum Exemplar des ersten weiblichen Mannes, dem eine Geburt bevorsteht. Eine Stimme fragt ihn: »Bloom, bist du der Messias ben Joseph oder ben David?«

Seine Tochter Milly: »Lieber Gott! Das ist ja Papli!«[11]

Wenn der Spuk des Nachttheaters verschwunden ist, bleibt Bloom übrig, aber immer noch mit einem Namen Bloom, der plötzlich als Assoziation »Bloom, Blaue Blume« auslöst, und immer noch bleibt Henry Flower übrig, den Namen Bloom stellvertretend, der in Hinterrücksübersetzungen erscheinen kann.

Von einem zu bauenden oder gebauten Haus für ihn werden folgende Namen als mögliche Namen genannt: Bloom Cottage, Saint Leopold's oder Flowerville.[12]

Die Namen sind im Sinn und lautlich verrückbar bei Joyce, sie können verrückt gemacht werden, verschrieben oder verstellt werden, aber doch so, daß der ursprüngliche Name angespielt wird, wie in dem Akrostichon, das der junge Bloom fabriziert hat.

»Poeten tuen öfters singen:

O herrliche Musik!

Laut laß ich durch die Welt es klingen:

Du bist mein Glück

Immerdar ...«[13]

(Die Anfangsbuchstaben ergeben seinen Namen, Poldi.)

Wie mit dem Namen Bloom Karussell gefahren wird, bis dem Namen und uns schwindlig wird, zeigt eine andere Stelle (ein Anagramm, das Bloom in seiner Jugend gemacht hat):

»Leopold Bloom

Ellpoldbomool

Molldopeloob

Bollopedoom

Old Ollebo M.P.«[14]

Und mit wem hat Bloom gereist, wird einmal gefragt.

Mit?

»Sindbad dem Seefahrer und Tindbad dem Teefahrer und Jindbad dem Jefahrer und Windbad dem Wehfahrer und Nindbad dem Nefahrer und Findbad dem Feefahrer und Bindbad dem Befahrer und Pindbad dem Peefahrer und Mindbad dem Meefahrer und Hindbad dem Hefahrer und Rindbad dem Refahrer, und Drindbad dem Drehfahrer und Schnindbad dem Schneefahrer und Lindbad dem Leefahrer und Zindbad dem Zeefahrer.«[15]

Und schließlich – wie sollten wir es vergessen! – heißt das Buch ›Ulysses‹, und Leopold Blooms Gang durch Dublin an einem einzigen Tag wird getan unter dem Schatten dieses großen beschworenen Namens – Odysseus. Dieser Name genügt und muß uns genügen als ständiger Hinweis auf die Fahrt des Dulders und muß uns allerorten die gleichnishaften Szenen entdecken lassen.

Namensverweigerung, Namensironisierung, Namensspiel mit und ohne Bedeutung, die Erschütterung des Namens: das sind die Möglichkeiten – aber es gibt noch eine radikalere. Als wäre es zu primitiv, eine Person durch einen Namen kenntlich zu machen, stürzt William Faulkner seine Leser in seinem wahrscheinlich wichtigsten Werk ›Schall und Wahn‹ in Verzweiflung. Ich glaube fast, es wird kaum jemand gelingen, sich je ganz und gar zurechtzufinden in dem Gewebe des Buchs, und zwar nicht so sehr, weil die Behandlung der Zeit durch William Faulkner dies erschwert – in dem Buch wird zwischen drei Zeiten andauernd hin- und hergesprungen, es können wenige Sätze sich auf das Jahr 1928, die nächsten wieder auf das Jahr 1910 beziehen. Nicht hier liegt die eigentliche Schwierigkeit, weil wir mit Texten, die die chronologische Zeit nicht mehr zum Muster haben, längst vertraut sind, sondern weil wir völlig im Stich gelassen werden beim Griff nach den Namen. Für den Verfasser des Klappentextes dieses Buchs, der den Inhalt des Romans wie den eines Familienromans wiederzugeben versteht, kann man nur neidische Bewunderung haben. Selbst in den Text verstrickt, fühlt man sich wie in einen Spürhund verwandelt, der alle Augenblicke die Spur verliert, weil ihm wieder ein anderer Geruch in die Nase gekommen ist. Da gibt es zweimal den Namen Caddy, einmal mit y geschrieben, einmal mit ie; zweimal den Namen Jason, zweimal den Namen Quentin, einmal als männlichen, einmal als weiblichen Vornamen. Aber es hilft uns auch kaum, dies zu begreifen, denn wir sollen die Figuren ja gar nicht an ihren Namen erkennen. Die Namen muten wie Fallen an. Sondern erkennen sollen wir sie an etwas ganz anderem. An einem Flor, der jede Person umgibt, an einer in sehr zarten Stimmungen bezeichneten Konstellation, in der sie stehen. Sie wird ausgedrückt in kleinen Zitaten, auf die wir achten sollen, und bei jedem Wiederauftreten der Person, sei es Quentin-er oder Quentin-sie und in welcher Zeit immer – als Kind, als Student, als junges Mädchen –, wird dieses Zitat mitgegeben vom Autor, Wichtiger, als auf den Namen zu achten, ist es, auf den Zusammenhang zu achten, in dem der Name genannt wird. Er kann im Kontext stehen mit einer Blume, einem Geißblatt, einer verkauften Wiese, einer Vermählungsanzeige. Wir entdecken plötzlich, daß wir nur so an Boden gewinnen, daß die Personen uns sonst für immer verborgen blieben. Und sie wollen sich verbergen, denn da ist ein Grund, ein Rätsel, das die Namen scheu macht. Es ist einmal etwas geschehen, Blutschande, und die Schuldigen wollen nicht genannt sein – das Kind aus der Beziehung soll nicht genannt sein. Das Geschehnis wird öfters beschworen und sogleich wieder vertuscht, und die Namen werden beschworen und vertuscht.

Wenn wir zum erstenmal davon hören, heißt es: »... Wolfsmilch. Ich sagte, Ich habe Blutschande begangen, Vater, sagte ich. Rosen.«[16]

Das nächste Mal tritt dieser Satz im Zusammenhang mit einem Namen auf, mit dem wir zuerst nichts anzufangen wissen, der aber dann immer wieder beschworen wird, bis wir seine Wichtigkeit erfassen. »Ich habe Blutschande begangen sagte ich Vater ich war es nicht Dalton Ames. Und als er sie Dalton Ames. Dalton Ames.«[17] (Es folgt ein Zwischensatz, der zu einer anderen Zeitperiode gehört, dann wird nochmals dieser Name genannt, dreimal.) »Dalton Ames. Dalton Ames. Dalton Ames.«

Die Rosen treten immer wieder als Zitat auf. Eine Blume oft im Zusammenhang mit dem Irren Benjamin; direkt mit dem vertuschten Vorfall jedoch immer Geißblattduft.

Er, Quentin, erzählt.

»... sie hielt meinen Kopf gegen ihre feuchte feste Brust ich hörte wie ihr Herz jetzt gleichmäßig und langsam schlug und nicht mehr hämmerte und das Wasser gurgelte im Dunkel unter den Weiden und Wellen von Geißblattduft stiegen auf ...«[18]

Etwas später; »das verdammte Geißblatt hört das denn gar nicht mehr auf«

Etwas später: »der Geißblattduft triefte und triefte ...«[19]

Dinge, die mit einer Situation oder einem Menschen verbunden waren, bleiben es und kreisen die jeweiligen Personen besser ein als der Name. Dinge bezeugen die Anwesenheit der Person, oder Erinnerung an Dinge.

Die Methode Faulkners ist eigentlich die: uns abzubringen

von den Namen, um uns umweglos, erklärungslos in die Wirklichkeit zu stoßen. Nicht er, der Autor, maßt sich die Namen an, nicht er führt sie uns vor und beugt Verwechslungen vor. Sondern nur die Figuren untereinander kennen sich, nennen sich und andere beim Namen, und wir müssen zusehen – wie in der Wirklichkeit –, wie weit wir vordringen und was wir in Beziehung zu setzen vermögen zwischen Menschen, die uns niemand vorformt, präpariert und etikettiert zum größeren Verständnis.

Nun wäre es an der Zeit zu sagen, daß der Gedanke an Namen mir zum erstenmal bei der Lektüre von Prousts ›*Auf der Suche nach der verlorenen Zeit*‹ gekommen ist. Es gibt kein Buch, das besser aufmerksam macht auf die Handhabung von Namen, auf ihr Funktionieren, ihre Dichte oder Durchlässigkeit. Ja, selbst der Grund für die Strahlkraft von Namen oder für die Totgeburt von Namen wird einem offenbar, wenn man jedem einzelnen Namen Prousts auf der Spur bleibt. Denn er hat ja nicht nur einen Friedhof voll von berühmten Namen hinterlassen, sondern Namen und Namenserlebnis in seinem Roman mit zum Thema gemacht. Er hat über Namen gesagt, was sich nur irgend sagen läßt, und er hat nach zwei Seiten gewirkt: hat die Namen inthronisiert, sie in ein magisches Licht getaucht, dann zerstört und verwischt; er hat sie mit Bedeutung erfüllt, aufgeladen, und hat zugleich ihre Leere bewiesen, sie als leere Hülsen weggeworfen, als Anmaßung eines Eigentums gebrandmarkt.

V

Literatur als Utopie

Meine Damen und Herren,

es ist noch nicht allzulange her, daß ich selbst auf einer Bank in einem Hörsaal saß, freilich nicht, um über Literatur zu hören – und das wenige, was ich nebenbei hin und wieder hörte, hat meinen Widerwillen damals nur bestärkt, zu einer Zeit also, in der Schreiben für einen jungen Menschen, der schreibt und nichts als schreiben will, schon längst im Mittelpunkt aller Gedanken und Hoffnungen steht. Die Abneigung gegen die Literatur, wie die Wissenschaft sie behandelt, mag eine Torheit unter anderen gewesen sein. Daß das Literaturstudium für Schriftsteller jedoch nicht vonnöten und unerheblich ist, wissen Sie, daß es Kaufleute und Landstreicher, Ärzte und Zuchthäusler, Ingenieure, Dandys, Journalisten, ja selbst Professoren, darin zu einigem Ansehen gebracht haben.

Immer wieder dieses ominöse Wort »Literatur«, diese bereitwillig umgreifende Bezeichnung für eine scheinbar klare Sache, nicht nur von der Wissenschaft hundertmal gewendet und verwendet, sondern auch ein Wort für Schriftsteller, eines der Hauptworte, mögen sie es hin und wieder auch auf ihre eigene mutwillige Art verwenden. Sicher ist, daß nicht zur Literatur gezählt zu werden oder eines Tages nicht mehr dazu gezählt zu werden, für den Schriftsteller eine schreckliche Vorstellung ist, daß es einem Todesurteil gleichkommt. Um die Zugehörigkeit zu dem Orden »Literatur« wirbt er uneingestanden unablässig, und wenn ihm auch nie kundgetan wird, ob ihm die Dauerzulassung gewährt wird – er erhofft sie und gibt diese Hoffnung nie auf.

Was dieses Schlüsselwort meint, was es aufsperrt, auf welches Reich es uns den Blick öffnet, darüber, sollte man meinen, erübrige sich eine Verständigung. Man weiß doch, was das ist, die Deutsche Literatur zum Beispiel und die Europäische Literatur und die Weltliteratur. Wir wollen einmal absehen davon, daß man in deutschen Landen dazu neigt, die Worte »Literatur«, »literarisch« als abschätzige einschränkende Begriffe oder gar Schimpfworte zu gebrauchen (mit dem Wort »Literat« ist die Abwertung beinah wirklich gelungen!), und daß es bei uns heißt: das ist nichts als Literatur! Das ist ja literarisch! Man liebt hier mehr das »Dichterische« und »Schöpferische«, »Dichtung« und »Schaffen«, aber da dieser Wortgebrauch wiederum von so unguten Wallungen akzentuiert wird, möchte ich ihn beiseite lassen und mich auf das Wort Literatur als eine Sachbezeichnung zurückziehen. Was aber ist diese Sache? – Ist die Literatur die Summe aller Werke und obendrein die Summe aller derer, die Werke hinterlassen haben?

Welcher Werke? – Nur der hervorragenden? Von wem bestimmt als hervorragende? Welcher Figuren? Nur derer, deren Werke sich erhalten haben, und für wen erhalten? Und ist, was und wer in die Literatur eingegangen ist, auf einen unverrückbaren Platz gestellt? Ist der Schatz, dieser sogenannte Vorrat ewiger Poesie, den die Literaturgeschichte so eifrig hütet und verwaltet, dieser Pietät und dieser fortgesetzten Beschwörung wert? Sind diese Goldbarren menschlichen Geistes alle echt, schwärzt sich nicht mancher und klingt es da nicht öfters ein wenig hohl? Und ist, was Gold ist, nicht den unglaublichsten Kursschwankungen unterworfen? – Ihre

Lehrer werden Ihnen besser erzählen können, wie oft Goethe, wie oft Schiller gestürzt wurden, welche Kursstürze die Romantiker, die Naturalisten, die Symbolisten erlitten haben. Wie oft ein Autor mißachtet, wieder gefeiert, vergessen, wieder auferstanden ist – welche Werke der Maestri über Gebühr gelobt oder über Gebühr vernachlässigt worden sind. Und wir selbst stehen ja mitten im Prozeß, wir verachten, wir bewerten neu, wir behandeln die Literatur einerseits wie eine unverrückbare Sache und traktieren sie zugleich, bis sie einem Wunschbild ähnlich ist.

Eine Indizienkette von Werken spricht allerdings dafür, daß es die Literatur gibt. Nehmen wir einmal zum Beispiel die deutsche – aber da stocken wir schon, obwohl es in jedem Leitfaden heißt: Von den Merseburger Zaubersprüchen bis – ja bis? Wir stocken, weil wir auch hören, wir hätten, genau genommen, keine Literatur, keine kontinuierliche, sie wird traditionslos genannt und soll sich am wenigsten eignen für ein Beobachten und Wahrnehmen dessen, was man unter Literatur versteht. Verglichen mit der französischen, mit der englischen Literatur, jedenfalls. Daran ist viel Richtiges, solange man das gewohnte Denken nicht verläßt. Stellt man sich aber in eine andere Distanz, so ist auch nicht mehr einzusehen, warum die französische oder irgendeine Literatur dem entsprechen soll, was man unter Literatur versteht. Denn was versteht man darunter?

Sie ist ein Wunschbild, das man sich zurechtkorrigiert, in dem man Fakten stehenläßt und andere ausmerzt.

Sehen wir uns doch einmal heute um, nach den Meinungen, den Festlegungen. Da kann man sonderbare Erfahrungen machen alle Tage, im Gespräch mit Freunden zum Beispiel. In einem Gespräch über Malerei etwa können Sie die Namen

Giotto, Kandinsky, Pollock hören, aber in demselben Gespräch wird man sich hüten, Raffael im gleichen Tonfall zu nennen. Sie können, wenn Sie zu Gast sind und sich nach den Schallplatten umsehen, Bach, etwas Barockmusik, Schönberg und Webern ausgelegt finden, Tschaikowski wird in dem Sortiment kaum zu finden sein. In Literaturgesprächen, bei denen man auf sich hält, kann man Verlautbarungen über Joyce und Faulkner, Homer und Cicero hören, aber bei Namen wie Eichendorff oder Stifter geht möglicherweise die Alarmglocke. Das sind keine erfundenen Pointen; wir erleben sie täglich und wirken mit an diesen Pointen. Denn während auf der einen Seite eine offizielle, allem gerecht werdende Denkmalpflege der Literatur und jeder Kunst getrieben wird, herrscht inoffiziell ein Terror, der ganze Teile der Literatur und jeder Kunst für eine Zeit in Acht und Bann tut. Es hat diese Art Terror immer gegeben, und es hilft kaum, sich darüber klarzuwerden; wir üben ihn selber notwendigerweise aus, die Freude an dem einen Teil der Literatur bedingt die Ablehnung des anderen, in dieser Ungerechtigkeit erhalten wir sie am Leben, sie orientierend an einem Wunschbild. Und es ist durchaus denkbar, daß in nicht ferner Zeit unsere Idole, die älteren und neueren, wieder gestürzt werden und eine Weile abtreten müssen, daß unser Schrittmachen und unser Streit für das Neue, wie wir es verstehen, einen anderen Streit herausfordern wird. Solange wir hier sind, und man ist hier immer im rechten Glauben, kümmert es einen nicht.

So ist die Literatur, obwohl und sogar weil sie immer ein Sammelsurium von Vergangenem und Vorgefundenem ist, immer das Erhoffte, das Erwünschte, das wir ausstatten aus dem Vorrat nach unserem Verlangen – so ist sie ein nach vorn geöffnetes Reich von unbekannten Grenzen. Unser Verlangen macht, daß alles, was sich aus Sprache schon gebildet hat, zugleich teilhat an dem, was noch nicht ausgesprochen ist, und unsere Begeisterung für bestimmte herrliche Texte ist eigentlich die Begeisterung für das weiße, unbeschriebene Blatt, auf dem das noch Hinzuzugewinnende auch eingetragen scheint. An jedem großen Werk, sei es nun der ›Don Quijote‹ oder die ›Divina Commedia‹, ist für uns etwas verblüht, verwittert, es gibt einen Mangel, den wir selbst beheben dadurch, daß wir ihm heute eine Chance geben, es lesen und morgen lesen wollen – einen Mangel, der so groß ist, daß er uns antreibt, mit der Literatur als einer Utopie zu verfahren.

In welcher Verlegenheit also müßte sich die Wissenschaft befinden, da es kein objektives Urteil über Literatur gibt, nur ein lebendiges, und dies lebendige Urteil von solchen Folgen ist. Im Lauf unseres Lebens ändern wir unser Urteil über einen Autor häufig mehrmals. Als Zwanzigjährige erledigen wir ihn mit einem Witz oder nennen ihn eine Gipsfigur, die uns nichts angehe, mit dreißig entdecken wir seine Größe, und wieder zehn Jahre später ist unser Interesse an ihm erloschen oder neue Zweifel sind uns gekommen und eine neue Unduldsamkeit. Oder wir halten ihn, umgekehrt, erst für ein Genie, entdecken später Plattheiten, die uns enttäuschen, und geben ihn auf. Wir sind gnad- und rücksichtslos, aber wo wir es nicht sind, sind wir auch nicht beteiligt. Immer ist uns dieses und jenes an einer Zeit, an einem Autor zum Exemplifizieren recht, und anderes steht uns im Weg, muß wegdisputiert werden. Wir zitieren triumphierend oder verdammend, als wären die Werke nur dazu da, um etwas für uns zu beweisen.

Die wechselnden Erfolge der Werke oder ihre Mißerfolge lassen nun weniger auf sich selber als auf unsere eigene Konstitution und auf die Konstitution der Zeit schließen, aber die Geschichte dieser Konstitutionen hat noch niemand geschrieben, und weiter geschrieben wird an der Geschichte der Literatur, und sie wird kritisch-ästhetisch geordnet, als wäre sie ein erledigter Akt, der dem einhelligen Wahrspruch der darauf Eingeschworenen – nämlich der Leser, der Kritiker und der Wissenschaftler – zugänglich sei.

Aber die Literatur ist ungeschlossen, die alte so gut wie die neue, sie ist ungeschlossener als jeder andere Bereich – als Wissenschaften, wo jede neue Erkenntnis die alte überrundet –, sie ist ungeschlossen, da ihre ganze Vergangenheit sich in die Gegenwart drängt. Mit der Kraft aus allen Zeiten drückt sie gegen uns, gegen die Zeitschwelle, auf der wir halten, und ihr Anrücken mit starken alten und starken neuen Erkenntnissen macht uns begreifen, daß keines ihrer Werke *datiert* und *unschädlich* gemacht sein wollte, sondern daß sie alle die Voraussetzungen enthalten, die sich jeder endgültigen Absprache und Einordnung entziehen.

Diese Voraussetzungen, die in den Werken selber liegen, möchte ich versuchen, die »utopischen« zu nennen.

Wären nicht auch auf seiten der Werke diese utopischen Voraussetzungen, so wäre die Literatur, trotz unserer Anteilnahme, ein Friedhof. Wir hätten nur mit Kranzniederlegungen zu tun. Dann wäre jedes Werk durch ein anderes abgelöst und verbessert worden, jedes beerdigt worden durch ein folgendes.

Die Literatur braucht aber kein Pantheon, sie versteht sich nicht aufs Sterben, auf den Himmel, auf keine Erlösung, sondern auf *die stärkste Absicht, zu wirken* in jeder Gegenwart, in dieser oder der nächsten.

Aber die Literatur, immer die »Literatur« …

Daran ändert auch nichts, wenn etwa heute in Frankreich ein Buch erscheint, das sich ›*Alittérature contemporaine*‹ (Albin Michel, Paris 1958) nennt und den Beweis zu führen versucht, daß die Literatur von den Dichtern gemieden werde, daß die Literatur oder das In-der-Literatur-Sein von den Dichtern abgelehnt wird. Das sind Nuancen, etwas anders zu nehmen zwar als die sentimentalen deutschen Trennungsbestrebungen zwischen Literatur und Dichtung; denn es ist wohl zu verstehen, was der Autor, Claude Mauriac, damit meint, und doch ist es unerheblich, ob ein Werk ein Werk der Literatur wird, weil es »außerhalb« bleiben wollte oder in die Literatur wollte.

Das Wunschbild der Aliteratur gehört eben auch in die Literatur, und es sagt mehr über den augenblicklichen Literaturbetrieb, die gesellschaftliche Lage und die zwangsläufige Revolte der Künstler als über die Literatur selbst: eine Aliteratur findet innerhalb der Literatur statt. Diese Literatur aber, die selber nicht zu sagen vermag, was sie ist, und der es immerzu gesagt wird, was sie ist und sein soll – wie soll man sie einkreisen, sich ihr nähern? Auf einem Umweg ließe es sich auch versuchen, der gleich ein Dutzend Holzwege offenbart.

Es gibt diesen bösen Roman von Flaubert: ›*Bouvard und Pécuchet*‹, und in dem Abenteuer der beiden wissensdurstigen Schreiber mit der Literatur steckt ja auch die Groteske unseres Abenteuers mit ihr. Bouvard und Pécuchet, die beiden *bonhommes*, verlangt nach Sicherheit, und die Entdeckung der Unsicherheit menschlicher Erkenntnis macht die beiden nicht nur lächerlich, sondern zu unseren Leidensgenossen. Denn in der Tragikomödie, in der Bouvard und Pécuchet agieren, ist auch die Tragikomödie der Wissenschaft abgebildet. Da sie mit der Lektüre der Werke allein nicht zurechtkommen, suchen sie

Zuflucht bei der Wissenschaft, die sie auf den rechten Weg bringen soll. Pécuchet hatte einen guten Gedanken:

»Die ganze Schwierigkeit lag nur in ihrer Unkenntnis der Regeln.

Und sie studierten die *Pratique du Théâtre* von d'Aubignac und andere, weniger veraltete Werke.

Wichtige Fragen werden hier behandelt: Ob für die Komödie Verse zulässig sind; ob die Tragödie die ihr gesteckten Grenzen nicht überschreitet, wenn sie ihre Fabel aus der modernen Geschichte nimmt; ob die Helden tugendhaft sein dürfen; welche Arten von Verbrechen zulässig sind; bis zu welchem Grade das Schreckliche erlaubt ist; alle Einzelheiten sollen auf ein einziges Ziel hinstreben und so das Interesse steigern; der Schluß soll dem Anfang entsprechen, selbstverständlich!

›Erfindet Mittel, die mich fesseln können‹, sagt Boileau.

Aber wie erfindet man diese Mittel?

›In all euren Reden soll die erregte Leidenschaft das Herz suchen, es erwärmen und ergreifen.‹

Wie aber erwärmt man das Herz?

Die Regeln allein tun es also nicht; Genie ist dabei nicht zu entbehren. Aber auch Genie genügt nicht. Nach Ansicht der Académie Française versteht Corneille nichts vom Theater. Geoffroy verleumdete Voltaire. Racine wurde von Subligny verhöhnt. La Harpe schnaubte, wenn Shakespeare erwähnt wurde.

Die alte Kritik ekelte sie an.«[1]

Und weiter:

»›... Erst wollen wir uns mit Prosa befassen‹«, sagte Bouvard.

»Die Klassiker vor allem werden empfohlen. An ihnen soll man sich bilden. Allerdings haben auch sie alle ihre Fehler, sie haben nicht nur gegen den Stil, sondern auch gegen die Sprache verstoßen.

Eine derartige Behauptung verfehlte ihren Eindruck auf Bouvard und Pécuchet nicht, und sie begannen mit dem Studium der Grammatik.«[2]

»Einigkeit sucht man bei den Grammatikern vergeblich. Was die einen für richtig erklären, halten die anderen für falsch. Sie geben einerseits Prinzipien zu, von deren Folgen sie nichts wissen wollen, und proklamieren andererseits Folgen, deren Prinzipien sie ablehnen, stützen sich auf die Tradition, verwerfen die Meister und haben alle sonderbare Spitzfindigkeiten ...

Und so kamen sie zu diesem Schluß: die Syntax ist Phantasie und die Grammatik Illusion.«[3]

Aber die Wissenschaft, die man Ästhetik nennt, würde vielleicht ihren Streit schlichten.

»Ein Freund ..., Professor der Philosophie, schickte ihnen eine Aufstellung von Büchern, die die Materie behandelten. Jeder arbeitete für sich, und sie teilten sich ihre Gedanken mit.

Was vor allem ist das Schöne?

Für Schelling ist es das Unendliche, das im Endlichen seinen Ausdruck findet, für Reid eine verborgene Eigenschaft; für Jouffroy ein unzerlegbares Etwas, für De Maistre, was der Tugend gefällt; für den Pater André das Vernünftige. Es gibt also mehrere Arten des Schönen; ...«[4]

Sie beschäftigten sich dann mit dem Erhabenen.

»Gewisse Dinge sind an und für sich erhaben: das Tosen eines Gießbaches, tiefe Finsternis, ein vom Sturm gefällter Baum. Ein Charakter ist schön, wenn er triumphiert, und erhaben, wenn er kämpft.

›Ich begreife es jetzt‹, sagte Bouvard, ›das Schöne ist das Schöne und das Erhabene das sehr Schöne. – Wie soll man sie aber voneinander unterscheiden?‹

›Durch den Takt‹, antwortete Pécuchet.

›Und woher kommt der Takt?‹

›Vom Geschmack.‹

›Was ist denn Geschmack?‹

Er wird definiert: ein besonderes Unterscheidungsvermögen, ein schnelles Urteil, die Überlegenheit, gewisse Beziehungen zu erkennen.

Kurz, Geschmack ist Geschmack – aber wie man Geschmack erhält, sagt kein Mensch.«[5]

Aber wie ist denn die Literatur im Ernst behandelt worden und von welchen Methoden und Schicksalsschlägen betroffen ist sie denn auf uns gekommen? Das ist keine müßige Frage, denn es haftet der Literatur von allem, was ihr widerfahren ist, immer etwas an.

Eine Literatur*geschichte* gibt es erst seit dem 19. Jahrhundert, seit der Romantik; damals wurde das geschichtliche Studium als eine patriotische Aufgabe vorgenommen. Es kam zu einer peniblen Registrierung der Nationalliteratur, und oft, wenn auch nicht immer, verbot ja der nationale Stolz den Chronisten, einzusehen, daß über ganze Zeitstrecken diese Literatur leerläuft. Diese zuversichtlichen Gesamtdarstellungen von etwas, das kein Ganzes war, sondern ein schlecht abgestütztes optimistisches Wunschbild, entworfen vom nationalen Pathos, haben noch lange unsere Schulbücher beeinflußt. Und unerwartet ungeahnte Früchte getragen hat diese mehr oder weniger depravierte Geschichtsschreibung der Literatur ja noch einmal im Deutschland des 20. Jahrhunderts. Ebenfalls zu Anfang des 19. Jahrhunderts aber hatte Goethe eine

Formulierung gefunden, die gleichfalls und glücklicher fort-
wirkte.

»Ich sehe immer mehr, daß die Poesie ein Gemeingut der
Menschheit ist und daß sie überall und zu allen Zeiten in
Hunderten und aber Hunderten von Menschen hervortritt.
Einer macht es ein wenig besser als der andere und schwimmt
ein wenig länger oben als der andere, das ist alles.«[6]
Und weiter, zu Eckermann:

»Nationalliteratur will jetzt nicht viel sagen, die Epoche der
Weltliteratur ist an der Zeit, und jeder muß jetzt dazu wirken,
diese Epoche zu beschleunigen. Aber auch bei solcher Schät-
zung des Ausländischen dürfen wir nicht wie bei etwas Be-
sonderem haftenbleiben und dieses für musterhaft ansehen
wollen. Wir müssen nicht denken, das Chinesische wäre es,
oder das Serbische, oder Calderon, oder die Nibelungen; sondern im Bedürfnis von etwas Musterhaftem müssen wir
immer zu den alten Griechen zurückgehen, in deren Werken
stets der schöne Mensch dargestellt ist. Alles übrige müssen
wir nur historisch betrachten und das Gute, soweit es gehen
will, uns daraus aneignen.«[7]

So vorzüglich uns der Anfang dieser Formulierung auch heute
noch erscheint – der lebhafte Wunsch nach etwas Musterhaftem und die Begründung für das Musterhafte bei den Griechen, auch die Aufforderung, alles nur historisch zu betrachten, diese Anweisung für den Umgang mit der Literatur ist
doch wohl wie die meisten, die auf uns gekommen sind, von
der Zeit arg in Mitleidenschaft gezogen worden. In dem
Wunsch, etwas Musterhaftes an einen Ursprung zurückzu-
verlegen, versteckt sich jedoch der Wunsch, etwas nach vorn
aufzurichten, ein Ungemessenes mehr als ein Maß, das bei
aller Annäherung nicht zu erreichen sein wird.

Es liegt uns ohnehin heute nicht, solche und ähnliche olympischen Sätze sklavisch hinzunehmen. Erscheinen sie uns aber in einem neuen Verstand, so rücken sie an einen neuen Platz am Horizont. Die Griechen Goethes können als eine Chiffre begriffen werden.

Den Wechsel der Anschauungen, der Maßstäbe, der bis gegen das Ende des 19. Jahrhunderts noch so langsam vor sich ging, daß man Zeit fand, die einzelnen zu beachten, und alle zur Wirksamkeit kamen, löst im 20. Jahrhundert eine vorher undenkbar gewesene unruhige Fieberkurve der Kriterien ab. Einer der Gründe dafür ist, was Jacob Burckhardt in den ›Weltgeschichtlichen Betrachtungen‹ zur Situation feststellt: »Das Schicksal der neueren Poesie überhaupt ist ihr literaturgeschichtlich bewußtes Verhältnis zur Poesie aller Zeiten und Völker ...«[8] Diese Bescherung also, die nicht ausbleiben konnte und die uns vom 19. Jahrhundert kommt, hat uns zwar reicher gemacht als je Generationen vor uns, aber labiler und gefährdeter, wehrloser gegen jede Assoziation. Denn nicht nur die Dichtung aller Völker ist uns heute bekannt, bis zu der Afrikas, sondern bewußt ist uns das Vorhandensein aller Grammatiken, Poetiken, Rhetoriken, Ästhetiken, aller Gesetz- und Formmöglichkeiten der Dichtung. Denn alles Faktische der Literatur ist theoriebegleitet oder ist auch schon Theorie zugleich, und ihrem Haben steht ein Soll gegenüber, das sie orientiert oder orientieren möchte, oder als ein Orientierungstraum ihr entsprungen ist und sie oft so weit überschreitet, daß er sie beschädigt oder nicht mehr erreicht.

Alle wollen wir die Literatur beweisen oder etwas mit ihr beweisen. Die Philosophie, die Psychiatrie und alle möglichen Disziplinen stürzen sich zudem auf sie, und sie wird zu Gesetzlichkeiten und Bedingungen oder Offenbarungen gezwungen, denen sie – allen und niemand zuliebe – heute Genüge tut und morgen doch widerspricht. Die Literarhistoriker, daran haben wir uns nachgerade schon gewöhnt, zerschlagen sie in Zeitstücke, färben sie ein auf Altertum, Mittelalter und Neuzeit. Die literarische Kritik und die philosophierende Literaturwissenschaft durchleuchten sie auf metaphysische und ethische Probleme – aber die Literaturwissenschaft hat sich auch anderswo angelehnt, an die Soziologie, die Psychoanalyse und die Kunstgeschichte – so groß ist der Spielraum. Sie untersucht sie auf Stilperioden; eine Wesensschau wird gewagt oder ein existentieller Ertrag von ihr erhofft. Und weil für einen Gang durch diesen Irrgarten einem Schriftsteller zu viele Detailkenntnisse mangeln, lassen Sie mich bei jemand Hilfe holen, einem unserer großen Wissenschaftler. Ernst Robert Curtius schreibt in seinem Vorwort zu seinem Buch ›Europäische Literatur und lateinisches Mittelalter‹ über die moderne Literaturwissenschaft und einige ihrer Richtungen.

»Sie will ›Geistesgeschichte‹ sein. Die Richtung, die sich an die Kunstgeschichte anlehnt, operiert mit dem höchst fragwürdigen Prinzip der ›wechselseitigen Erhellung der Künste‹ und erzeugt damit eine dilettantische Vernebelung von Sachverhalten. Sie geht dann dazu über, die kunstgeschichtliche Periodenbildung nach Stilen, die einander ablösen, auf die Literatur zu übertragen. So erhält man literarische Romanik, Gotik, Renaissance, Barock usw. bis zum Im- und Expressionismus. Jede Stilperiode wird dann durch ›Wesensschau‹ mit einem ›Wesen‹ begabt und mit einem speziellen ›Menschen‹ bevölkert. Der ›gotische Mensch‹ (dem Huizinga einen ›prägotischen‹ Kameraden beigegeben hat) ist am populärsten geworden, doch dürfte ihm der ›Barockmensch‹ nicht viel nachstehen. Über das ›Wesen‹ der Gotik, des Barock usw. gibt es tiefsinnige Ansichten, die sich freilich zum Teil widersprechen. Ist Shakespeare Renaissance oder Barock? Ist Baudelaire Impressionist, George Expressionist? Viel Geisteskraft wird auf solche Probleme verwandt. Zu den Stilperioden treten Wölfflins kunstgeschichtliche ›Grundbegriffe‹. Da gibt es ›offene‹ und ›geschlossene‹ Form. Ist am Ende Goethes Faust offen, der Valérys geschlossen? Bange Frage: Gibt es sogar, wie Karl Joël mit viel Geist und reicher geschichtlicher Anschauung zu zeigen suchte, eine regelmäßige Abfolge ›bindender‹ und ›lösender‹ Jahrhunderte (jedes mit einem eigenen ›Säkulargeist‹ ausgestattet)? In der Neuzeit sind die geraden Jahrhunderte ›lösend‹ (das 14., 16., 18.; allem Anschein nach auch das 20.), die ungeraden ›bindend‹ (das 13., 15., 17., 19.) und so fort ad infinitum.«[9]

Und Curtius fährt fort:

»Die moderne Literaturwissenschaft – d.h. die der letzten fünfzig Jahre – ist ein Phantom.«[10]

Ich weiß nicht, ob Sie sich heute noch, fünfzehn Jahre später, als Studierende in der gleichen Situation finden, hoffentlich nicht; aber der Optimismus im Umgang mit der Literatur scheint nicht mehr zu tragen, denn nicht einmal ihre Geschichtsschreibung ist vom Pessimismus verschont geblieben. ›Geschichte der poetischen Nationalliteratur der Deutschen‹ heißt einer ihrer ersten Titel, und der letzte mir bekannte ›Tragische Literaturgeschichte‹. Aber warum entzieht sich die Literatur auf eine so verhängnisvolle Weise immer der Literaturforschung, warum bekommen wir sie nicht zu fassen, wie wir sie fassen möchten, denn es kann nicht nur an den Forschern, an der Kritik liegen?! Sie allein können nicht Schuld haben an den widerspruchsvollen Bestimmungen. Es muß einen Grund geben, der nicht nur in der veränderlichen Konstitution der Zeit und unserer selbst zu suchen ist.

Wären wir nur so unbedarft und beweisgläubig wie die beiden armen Narren Bouvard und Pécuchet, und wir sind es manchmal, dann müßten wir diesen und jeden Gegenstand fallenlassen, unter einem großen, anonymen Gelächter, unter dem wir selber und die Literatur begraben werden.

Die Literatur aber, die selber nicht zu sagen weiß, was sie ist, die sich nur zu erkennen gibt als ein tausendfacher und mehrtausendjähriger Verstoß gegen die schlechte Sprache – denn das Leben hat nur eine schlechte Sprache – und die ihm darum ein Utopia der Sprache gegenübersetzt, diese Literatur also, wie eng sie sich auch an die Zeit und ihre schlechte Sprache halten mag, ist zu rühmen wegen ihres verzweiflungsvollen Unterwegsseins zu dieser Sprache und nur darum ein Ruhm und eine Hoffnung der Menschen. Ihre vulgärsten und preziösesten Sprachen haben noch teil an einem Sprachtraum, jede Vokabel, jede Syntax, jede Periode, Interpunktion, Metapher und jedes Symbol erfüllt etwas von unserem nie ganz zu verwirklichenden Ausdruckstraum.

Im Lexikon steht: »Literatur ist gleich Gesamtheit der schriftlichen Geisteserzeugnisse.« Aber diese Gesamtheit ist zufällig und unbeendet, und der Geist darin ist uns nicht nur schriftlich gegeben. Wenn wir die Suchlampen auslöschen und jede Beleuchtung abschalten, gibt die Literatur, im Dunkel und in Ruhe gelassen, wieder ihr eigenes Licht, und ihre wahren Erzeugnisse haben die Emanation, aktuell und erregend. Es sind Erzeugnisse, schimmernd und mit toten Stellen, Stücke der realisierten Hoffnung auf die ganze Sprache, den ganzen Ausdruck für den sich verändernden Menschen und die sich verändernde Welt. Was wir das Vollendete in der

Kunst nennen, bringt nur von neuem das Unvollendete in Gang.

Darum, weil es im Gang ist, schreckt die Schriftsteller auch nicht das Große, das vor ihnen geschrieben worden ist – und es müßte sie doch erschrecken, wenn es groß wäre wie etwas Unerreichbares, Unübertreffliches. Und erschrecken müßte es sie auch, wenn es hier wie anderswo um Leistungen ginge, die von größeren überholt werden könnten; sie wären dann morgen das Opfer, das sie heute noch nicht sind. Aber es gibt in der Literatur keine Zielbänder, keine Leistungen dieser Art, kein Überholen und kein Abfallen.

Trotzdem sieht es so aus in der Gegenwart, als gäbe es die Literatur nur als übermächtige Vergangenheit, ausgespielt gegen die Gegenwart, die im vornhinein zum Verlieren verurteilt ist. Die Schriftsteller selbst leiden an der Vergangenheit und zugleich an einer Gegenwart, in der sie insgeheim sich und ihre Zeitgenossen nichtig fühlen.

Es gibt eine Tagebuchstelle bei Robert Musil von großer Aufrichtigkeit, wo er gesteht, daß er sich nur ein paar Dichtern geöffnet habe, Dostojewskij, Flaubert und anderen, aber kein einziger Zeitgenosse sei darunter; zwanzig bis hundert Jahre früher hätten sie geschrieben.[11] Wenn wir die kleine Dosis Eitelkeit und Ressentiment abziehen, die mitspricht, bleibt für uns zum Erstaunen die echte und aus reinen Gründen nicht mögliche Anerkennung der Zeitgenossen übrig. An einer anderen Stelle findet sich die Notiz: »›Wer ist denn heute da?!‹ – Dieses pessimistische Urteil über den Wert zeitgenössischer Dichtung, mich inbegriffen.« Weiter: »Dabei ist das Durchschnittsniveau entschieden hoch. Gründe: Verwandt mit der Sehnsucht nach dem ›Erlöser‹.«[12] – Aber diese Gestalt, nach der die Sehnsucht geht, ist auch nur

eine Wunschgestalt, und es fällt ihm ein, wenn er zurück-
denkt:

»Virgil, Dante, Homer … beiseite. Da gehört auch eine Illusion und Liebe ihrer Umwelt dazu, sie zu lieben … Aber
Balzac, Stendhal usw., stelle dir vor, sie lebten und wären
›Kollegen‹. Wieviel Abneigung gegen diese Schmierer und
jenen Fex! Ihre imaginären Welten vertrügen sich nicht, wenn
man sie sich nicht um verschiedene Orte und Zeiten gelagert
denkt. Sind sie addierbar oder schließen sie sich aus? Welches
Problem liegt darin, daß man die Schärfe der Wirkung mil-
dert, indem man einen vergangenen Künstler samt seiner vergangenen Zeit rezipiert?«[13]

Und überschrieben ist diese Notiz mit den Worten: ›Zur Utopie
der Literatur.‹ Bei Musil kann man diesen Worten, »Utopie«,
»utopisch« hie und da auch begegnen im Zusammenhang
mit der Literatur, mit der schriftstellerischen Existenz; er hat
die Gedanken nicht ausgeführt, nur das Stichwort gegeben,
das ich heute aufzugreifen versuchte.

Wenn aber nun die Schreibenden den Mut hätten, sich für
utopische Existenzen zu erklären, dann brauchten sie nicht
mehr jenes Land, jenes zweifelhafte Utopia anzunehmen –
etwas, das man Kultur, Nation und so weiter zu benennen
pflegt, und in dem sie sich bisher ihren Platz erkämpften.
Dies war der alte Zustand, und ich glaube, daß er schon für
Hofmannsthal und Thomas Mann längst kein natürlicher
mehr war, sondern nur noch verzweiflungsvoll zu wahren
gewesen ist.

Aber war er je so natürlich? War nicht in diesem Utopia der
Kultur zum Glück ein viel reineres Element von Utopie enthalten als Richtung, die einschlagbar bleiben wird, wenn
unsere Kultur ihr Gesicht nicht einmal mehr an hohen Feier-

tagen wahren wird, wenn die Dichtung nicht mehr »als geistiger Raum der Nation« zu denken ist – heute im Grund schon eine Unmöglichkeit –, sondern aus dem Hier-und-Jetzt-Exil zurückwirken muß in den ungeistigen Raum unserer traurigen Länder. Denn dies bleibt doch: sich anstrengen müssen mit der schlechten Sprache, die wir vorfinden, auf diese eine Sprache hin, die noch nie regiert hat, die aber unsere Ahnung regiert und die wir nachahmen. Es gibt die schlechte Nachahmung, im üblichen Sinn, die meine ich nicht, und es gibt die Nachahmung, von der Jacob Burckhardt gesprochen hat, und von der heute, zufrieden oder tadelnd, die konservative Kritik profitiert, Nachahmung, Nachklang als Schicksal, und die meine ich auch nicht. Aber eine Nachahmung eben dieser von uns erahnten Sprache, die wir nicht ganz in unseren Besitz bringen können. Wir besitzen sie als Fragment in der Dichtung, konkretisiert in einer Zeile oder einer Szene, und begreifen uns aufatmend darin als zur Sprache gekommen.

Es gilt weiterzuschreiben.

Wir werden uns zwar weiterplagen müssen mit diesem Wort Literatur und mit der Literatur, dem, was sie ist und was wir meinen, daß sie sei, und der Verdruß wird noch oft groß sein über die Unverläßlichkeit unserer kritischen Instrumente, über das Netz, aus dem sie immer schlüpfen wird. Aber seien wir froh, daß sie uns zuletzt entgeht, um unsertwillen, damit sie lebendig bleibt und unser Leben sich mit dem ihren verbindet in Stunden, wo wir mit ihr den Atem tauschen. Literatur als Utopie – der Schriftsteller als utopische Existenz –, die utopischen Voraussetzungen der Werke – – –

Ließen sich eines Tages die Fragen richtig formulieren, die auf die Gedankenstriche folgen wollen, so könnten wir vielleicht die Geschichte der Literatur und unsere Geschichte mit ihr noch einmal und neu schreiben. Der Schreibende aber, der sich in dieser ungeschriebenen Geschichte seit je aufhält, hat selten die Worte dafür und lebt in der Hoffnung auf den stetigen verschwiegenen Pakt. Lassen Sie mich darum schließen mit dem Wort eines Dichters, das mir wie bestimmt erscheint für das, was zu sagen versucht wurde. Es ist von dem französischen Dichter René Char:

»Auf den Zusammenbruch aller Beweise antwortet der Dichter mit einer Salve Zukunft.«[14]

Anmerkungen

Mit dieser Vorlesungsreihe übernahm Ingeborg Bachmann im Wintersemester 1959/60 als erste Dozentin die vom S. Fischer Verlag gestiftete Gastdozentur für Poetik an der Johann Wolfgang Goethe-Universität Frankfurt/Main.

Von den ursprünglich vorgesehenen sechs Vorlesungen: am 11. November 1959, 25. November 1959, 9. Dezember 1959, 13. Januar 1960, 27. Januar 1960 und 10. Februar 1960, wurden nur fünf gehalten. Das Sekretariat des Präsidialamtes der Frankfurter Universität hat lediglich drei Vorlesungsdaten verzeichnet: den 25. November 1959 für die erste Vorlesung; den 9. Dezember 1959 für die zweite Vorlesung, den 24. Februar 1960 für die letzte Vorlesung. Die genauen Vorlesungsdaten der dritten und vierten Vorlesung sind nicht mehr festzustellen. Die Vorlesungsreihe stand unter dem Titel: »Fragen zeitgenössischer Dichtung«.

Der Titel »Probleme zeitgenössischer Dichtung« und die Titel der ersten, dritten und vierten Vorlesung sind übernommen aus den Hörfunkaufnahmen der vier Frankfurter Vorlesungen, die Ingeborg Bachmann vom 25.–28. April 1960 am Zürcher Rundfunk für den Bayerischen Rundfunk München gemacht hat. Siehe Phonographie I, in: Ingeborg Bachmann, Werke. Piper Verlag, München 1978. Bd. 4, 16–I, 19. Sendedaten des BR München: 6. Mai 1960 FRAGEN UND SCHEINFRAGEN; 13. Mai 1960 DAS SCHREIBENDE ICH; 20. Mai 1960 DER UMGANG MIT NAMEN; 27. Mai 1960 LITERATUR ALS UTOPIE.

I

Erstdruck (gekürzt) in: du. Kulturelle Monatsschrift, Heft 236, Oktober 1960, 20. Jg., Zürich. S. 65 f.

Der Textgestalt liegen zugrunde:

Typoskript 500 – 515 aus dem Nachlaß, ohne Titel. – Ingeborg Bachmann, Gedichte Erzählungen Hörspiel Essays. Piper Verlag, München 1964 und 1970.

Der Anfang der Vorlesung bis S. 13 unten wurde aus dem Typoskript ergänzt.

1 Aus dem Brief des Lord Chandos, in: Hugo von Hofmannsthal, Prosa II. S. Fischer Verlag, Frankfurt/M. 1951. S. 7

II

Der Textgestalt liegt zugrunde:

Typoskript 594 – 607 aus dem Nachlaß, ohne Titel. Das Typoskript weist zahlreiche Verschreibungen, Auslassungen und schwer entzifferbare handschriftliche Korrekturen auf. Wo die Entzifferung der handschriftlichen Korrektur nicht gelang, wurde ein Auslassungszeichen gesetzt. Die im Typoskript fehlenden Gedichte von Günter Eich, S. 35 u. 36, Marie Luise Kaschnitz, S. 40 f., Hans Magnus Enzensberger, S. 43 f., und der Abschnitt aus dem ersten Futurismus-Manifest von Filippo Tommaso Marinetti, S. 38 f., wurden von den Herausgebern eingesetzt.

1 »Betrachtet die Fingerspitzen« in: Günter Eich, Botschaften des Regens. Suhrkamp Verlag, Frankfurt/M. 1955. S. 46

2 Aus dem Gedicht »Augenblick im Juni« in: Günter Eich, Botschaften des Regens. S. 52 f.

3 Blätter für die Kunst. 3 Folgen, 5 Bände, Auslese aus den Jahrgängen 1892–1898. Verlag Georg Bondi, Berlin 1899. Text aus der Einleitung. S. 24

4 André Breton, Zweites Surrealismus-Manifest. Erstdruck: André Breton, Second Manifeste du Surréalisme. Paris, édition Kra 1930. – Der Text lautet im Original: »L'acte surréaliste le plus simple consiste, révolvers aux poings, à descendre dans la rue et à tirer au hasard, tant qu'on peut, dans la foule.« Zitiert nach: André Breton, Manifestes du Surrealisme, édition complète. Jean-Jacques Pauvert, Paris 1972. S. 135. Die deutsche Übersetzung konnte nicht ermittelt werden.

5 Filippo Tommaso Marinetti, Fondazione e Manifesto del Futurismo 1909. Deutsch: Gründung und Manifest des Futurismus. Zitiert wird Punkt 4 des Manifests, abgedruckt in: Umbro Apollonio, Der Futurismus, Manifeste und Dokumente einer künstlerischen Revolution, 1909–1918, deutsch von Christa Baumgarth und Helly Hohenemser. Verlag M. DuMont Schauberg, Köln 1972. S. 33

6 Filippo Tommaso Marinetti. – Ingeborg Bachmann entnimmt das Zitat Walter Benjamins Nachwort zur zweiten Fassung seines Essays »Das Kunstwerk im Zeitalter der technischen Reproduzierbarkeit«. Es wurde überprüft anhand der Ausgabe: Walter Benjamin, Gesammelte Schriften. Suhrkamp Verlag, Frankfurt/M. 1974, Bd. I. 2, S. 507. Der von Walter Benjamin als »Manifest zum äthiopischen Kolonialkrieg« bezeichnete Text von F. T. Marinetti findet sich in keiner italienischen Marinetti-Bibliographie. Nach Auskunft von Frau Vittoria Marinetti, der Tochter von F. T. Marinetti, ist der Text auch nicht in dem von ihr verwalteten Archiv enthalten.

7 »Bräutigam Froschkönig«, in: Marie Luise Kaschnitz, Neue Gedichte. Claassen Verlag, Hamburg 1957. S. 55

8 Aus »Ohne Kompaß«, in: Nelly Sachs, Flucht und Verwandlung. Deutsche Verlagsanstalt, Stuttgart 1959. S. 47

9 »verteidigung der wölfe gegen die lämmer«, in: hans magnus enzensberger, verteidigung der wölfe. Suhrkamp Verlag, Frankfurt/M. 1959. S. 90 f.

10 Franz Kafka, Brief an Oskar Pollack vom 27. Januar 1904, in: Franz Kafka, Briefe 1902–1924. S. Fischer Verlag, Frankfurt/M. 1958. S. 27 f.

11 Aus »Zähle die Mandeln«, in: Paul Celan, Mohn und Gedächtnis. Deutsche Verlagsanstalt, Stuttgart 1952. S. 76. – In dem Zitat folgen auf die letzte Strophe zwei Zeilen der ersten Strophe in umgekehrter Reihenfolge.

12 Im Typoskript fehlt die Angabe des gelesenen Gedichts.

13 Aus »Engführung«, in: Paul Celan, Sprachgitter. S. Fischer Verlag, Frankfurt/M. 1959. S. 64

III

Das schreibende Ich   S. 53

Der Textgestalt liegt zugrunde:

Typoskript 516, 516a–524, 637, 636, 616, 630–634, 526 aus dem Nachlaß. Das Typoskript trägt den Titel Über das Ich.

Den Titel der Vorlesung Das schreibende Ich entnimmt Ingeborg Bachmann der »Niederschrift des Gustav Anias Horn« in dem Roman »Fluß ohne Ufer« von Hans Henny Jahnn. Nachgewiesen anhand der Ausgabe: Hans Henny Jahnn, Werke und Tagebücher in sieben Bänden. Hoffmann und Campe Verlag, Hamburg 1974. Bd. 2: Fluß ohne Ufer. Zweiter Teil, Die Niederschrift des Gustav Anias Horn I. S. 374

1 Louis Ferdinand Céline, Reise ans Ende der Nacht. Rowohlt Verlag, Hamburg 1958. S. 71

2 ebenda, S. 15. Der erste und der zweite Satz des Zitats stehen in umgekehrter Reihenfolge

3 ebenda, S. 176

4 Leo Tolstoi, Die Kreutzersonate, übertragen von Arthur Luther. Insel-Verlag, Wiesbaden 1957. S. 16

5 ebenda, S. 18

6 F. M. Dostojewski, Aufzeichnungen aus einem Totenhaus. Piper Verlag, München 1958. S. 15 f.

7 Italo Svevo, Zeno Cosini, deutsch von Piero Rismondo. Rowohlt Verlag, Hamburg 1959. S. 419

8 ebenda, Nachwort S. 467

9 Marcel Proust, Auf der Suche nach der verlorenen Zeit, deutsch von Eva Rechel-Mertens. Suhrkamp Verlag, Frankfurt/M. 1958, Bd. I, In Swanns Welt. S. 276 f.

10 Ernst Robert Curtius, Französischer Geist im zwanzigsten Jahrhundert. Francke Verlag, Bern 1952. S. 320

11 Die Zitate aus Hans Henny Jahnn, Fluß ohne Ufer, wurden überprüft anhand der Ausgabe: Hans Henny Jahnn, Werke und Tagebücher in sieben Bänden. Hoffmann und Campe Verlag, Hamburg 1974. Bd. 3: Fluß ohne Ufer. Zweiter Teil, Die Niederschrift des Gustav Anias Horn II. S. 350

12 Bd. 2: Fluß ohne Ufer. Zweiter Teil, Die Niederschrift des Gustav Anias Horn I. S. 288

13 Samuel Beckett, Der Namenlose, deutsch von Elmar Tophoven. Suhrkamp Verlag, Frankfurt/M. 1959. S. 77 ff.

14 ebenda, S. 271

IV

Der Textgestalt liegen zugrunde:
Typoskript 527 – 542 aus dem Nachlaß, ohne Titel. – Ingeborg Bachmann, Gedichte Erzählungen Hörspiel Essays. Piper Verlag, München 1964 und 1970. Der Anfang der Vorlesung auf S. 81 bis Zeile 12 wurde aus dem Typoskript ergänzt.

1 William Shakespeare, Hamlet. II. Akt, 2. Szene

2 Die Zitate aus Franz Kafka, Das Schloß, wurden überprüft anhand der Ausgabe: Franz Kafka, Gesammelte Werke, hrsg. von Max Brod. S. Fischer Verlag, Frankfurt/M. 1951. – Das Schloß. Zweites Kapitel, S. 30

3 ebenda, Zweites Kapitel, S. 34

4 ebenda, Sechstes Kapitel, S. 117

5 ebenda, Fünftes Kapitel, S. 100

6 ebenda, Fünfzehntes Kapitel, S. 248

7 ebenda, Fünfzehntes Kapitel, S. 259f.

8 ebenda, Erstes Kapitel, S. 19

9 Die Zitate aus James Joyce, Ulysses, wurden überprüft anhand der Ausgabe: James Joyce, Ulysses. Vom Verfasser autorisierte Übersetzung von Georg Goyert. Rhein-Verlag, Zürich, 5. Ausgabe (Erscheinungsjahr fehlt). Bd. I, S. 8

10 ebenda, S. 333 und Bd. II, S. 9; 10; 11

11 Die Kurzzitate auf S. 248f. sind dem »Bordellkapitel« in Bd. II entnommen. Sie stehen auf den Seiten 67, 70, 80, 81, 82, 98, 103, 105, 106, 113, 150.

12 ebenda, S. 325

13 ebenda, S. 280

14 ebenda, S. 280

15 ebenda, S. 354

16 Die Zitate aus: William Faulkner, Schall und Wahn, wur-

den überprüft anhand der Taschenbuchausgabe des Dio-
genes Verlags, Zürich 1973, Lizenzausgabe des Fretz &
Wasmuth Verlags, Zürich 1956. – Schall und Wahn, S. 84

17 ebenda, S. 86

18 ebenda, S. 152

19 ebenda, S. 153

V

LITERATUR ALS UTOPIE   S. 99

Erstdruck (gekürzt) in: du. Kulturelle Monatsschrift, Heft
234, August 1960, 20. Jg., Zürich, S. 47f., und Heft 235, Sep-
tember 1960, 20. Jg., S. 67f.

Der Textgestalt liegen zugrunde:

Typoskript 564–571, 571a, 572–579 aus dem Nachlaß. –
Ingeborg Bachmann, Gedichte Erzählungen Hörspiel Essays.
Piper Verlag, München 1964 und 1970.

Der Anfang der Vorlesung auf S. 101 bis Zeile 15 wurde aus
dem Typoskript ergänzt.

Den Titel der Vorlesung LITERATUR ALS UTOPIE entnimmt
Ingeborg Bachmann einer Tagebucheintragung von Musil, in:
Robert Musil, Tagebücher, Essays, Aphorismen und Reden.
Rowohlt Verlag, Hamburg 1955. S. 478, Nr. 153

1 Gustave Flaubert, Bouvard und Pécuchet. Karl Rauch Verlag, Düsseldorf 1957. S. 179. Von Georg Goyert durchge-
sehene und verbesserte Fassung seiner 1923 im Georg
Müller Verlag, München, erschienenen Übersetzung des
Romans.

2 ebenda, S. 181

3 ebenda, S. 182

4 ebenda, S. 183

5 ebenda, S. 184, leicht abgewandelt

6 Johann Wolfgang Goethe, Gedenkausgabe der Werke, Briefe und Gespräche. Bd. 24, 1948. S. 228. (Johann Peter Eckermann, Gespräche mit Goethe. Gespräch vom 31. Januar 1827)

7 ebenda, S. 229

8 Das Zitat wurde überprüft anhand: Jacob Burckhardt, Gesamtausgabe. Siebenter Band, Weltgeschichtliche Betrachtungen/Historische Fragmente aus dem Nachlaß. Deutsche Verlags-Anstalt, Stuttgart, Berlin und Leipzig 1929. S. 54. (Es heißt *neuern* Poesie anstatt *neueren*.)

9 Ernst Robert Curtius, Europäische Literatur und lateinisches Mittelalter. A. Francke Verlag, Bern, 2. Aufl. 1954. S. 21. Das Zitat stammt aus dem ersten Kapitel, nicht, wie angegeben, aus dem Vorwort.

10 ebenda, S. 22

11 Robert Musil, Tagebücher, Essays, Aphorismen und Reden. Rowohlt Verlag, Hamburg 1955. S. 457, Nr. 77

12 ebenda, S. 282, mit einer Textumstellung und einer Textauslassung

13 ebenda, S. 514, Nr. 88

14 Aus »Unanfechtbarer Anteil« XLIX, in: René Char, Poésies – Dichtungen. S. Fischer Verlag, Frankfurt/M. 1959. S. 111. Der Satz ist leicht abgewandelt wiedergegeben.

Christine Koschel
Inge von Weidenbaum